LES TRIOMPHES

DE

L'ABBAYE DES CONARDS

OCCVPA PORTVM

IOV·AVST

PARIS

LIBRAIRIE DES BIBLIOPHILES

—

M DCCC LXXIV

LES TRIOMPHES

DE

L'ABBAYE DES CONARDS

TIRAGE.

3oo exemplaires sur papier vergé (nᵒˢ 21 à 32o).
10 » sur papier de Chine (nᵒˢ 1 à 10).
10 » sur papier Whatman (nᵒˢ 11 à 20).

320 exemplaires numérotés.

Nᵒ

LES TRIOMPHES

DE

L'ABBAYE DES CONARDS

AVEC UNE

NOTICE SUR LA FÊTE DES FOUS

PAR

MARC DE MONTIFAUD

Stultorum infinitus est numerus.

SALOMON.

PARIS

LIBRAIRIE DES BIBLIOPHILES

RUE SAINT-HONORÉ, 338

—

M DCCC LXXIV

NOTICE

LA FÊTE DES FOUS

De bone : non-nains.
Non cvre-de-v-ie-lx.a.b.
Légende d'une monnaie des fous.

———

I

L fut un temps où la gaieté était de bon aloi en France, aussi bien dans l'église qu'à la cour et à la ville; une fois l'an, les portes du cloître étaient enfoncées, et les religieuses dansaient avec les clercs. Oui, les religieuses en personne, les filles de l'autel et du sacrifice, inauguraient une fugue carnavalesque, et, sous le regard des madones raides et des martyrs grimaçants, elles entamaient une de ces rondes désopilantes, bonne à faire vaciller d'horreur le nimbe des saints et des saintes tout fraîchement canonisés en cour romaine.

Ç'a été une époque d'héroïque audace que ces XVᵉ et XVIᵉ siècles, cités au ban des conciles pour répondre de leurs actes. Dans l'histoire, on ne leur a pas marchandé l'eau et le sel afin de les exorciser. La monarchie regardait alors tout novateur, tout audacieux , comme une sage aïeule qui se préparerait à redresser l'horthodoxie de ses fils en leur prouvant qu'ils se trompent... à l'aide de quelques centaines de fagots; et cependant, lorsque arrivait l'époque de liesse appelée *Fête des Fous*, il y avait plus de rebelles que de soumis; on riait à belles dents au nez des magistrats qui auraient voulu s'opposer aux licences toujours engendrées par une pareille troupe, mais qui, en définitive, finissaient par octroyer de bonne grâce la permission requise de célébrer la fête, dans la crainte d'exciter des murmures en touchant à l'un des priviléges de la cité.

Le titre de fou, des mots *fatuus* et *stultus*, était donné à chacun des associés d'une confrérie de bouffons, jouissant, à certaines époques de l'année, du privilége de tout dire et de tout faire. Les membres se recrutaient dans l'ordre civil, et surtout dans le clergé.

Toutes les religions ont accordé une large part à la sensualité : l'Inde, la Grèce, Rome, en offren l'expression; sous les noms baroques dont le christianisme affluble parfois les bienheureux, on retrouve toujours le vieux culte païen persistant. L'obstination populaire, dit un savant auteur, conservait aux saints les traits physionomiques des anciens dieux. C'est de cette façon que saint Guignolet remplaça Priape, et que les femmes allaient invoquer en lui le principe de la fécondité. Par la même raison, ceux qui s'étaient réunis aux banquets antiques en l'honneur d'Éros, se rallièrent aux agapes inaugurées en mémoire du Nazaréen. Les bacchanales,

les saturnales, les mystères institués en souvenir de la bonne déesse, reparurent sous le titre de *Fête des Innocents*, de *saint Nicolas*, de *Fête-Dieu*, de *Fête de l'Ane*, etc., et tant d'autres qui ont été comprises sous le caractère générique de *Fête des Fous*.

Salomon ayant écrit que le nombre des fous est infini : *Stultorum infinitus est numerus*, on avait cru devoir faire remonter jusqu'à lui la célébration de ces coutumes burlesques; mais il n'est pas nécessaire de demander à Salomon un pareil patronage, pour posséder la certitude que ces réjouissances, toutes liturgiques, avaient vu retentir leurs premières hymnes et promené leurs cortéges primitifs, aux fêtes d'Aphrodité et de Dionysos, avant de reparaître au moyen âge sous cette rubrique : *Festum fatuorum*.

Persuadons-nous une fois pour toutes que nous n'avons qu'établi la transmutation du culte ancien dans le culte moderne; nous n'avons fait en quelque sorte, que détacher des bosquets antiques les guirlandes de myrtes et de roses qu'on y suspendait en l'honneur des dieux, pour les effeuiller sur les autels de Jésus.

Si l'on fouillait l'histoire des premières sectes hérétiques de l'Église, Carpocratiens, Adamites, etc., on y verrait trôner dans les réunions l'incurable folie, qui sera plus tard érigée en institution. Les Ascodrugites, surtout, poussèrent assez loin la bouffonnerie sacerdotale; ils mettaient auprès de leur autel un ballon, le gonflaient fortement et dansaient autour. Ce ballon devait signifier pour eux qu'ils étaient remplis du Saint-Esprit.

C'est sous le nom de *Fête des Barbatoires* qu'on retrouve l'une des plus anciennes expressions de la

fête des fous au moyen âge. Cette dénomination
était venue du mot *barboire*, — masque à crins
barbus, — dont les religieuses se couvraient la figure en pareille circonstance.

Grégoire de Tours dénonce les filles de Sainte-
Radegonde, de Poitiers, comme ayant célébré des
barbatoires dans le couvent : *Barbatorias intus
eo quod celebraverit.* On verra aussi par la ville, à
des époques prescrites, la bande joyeuse de l'abbé
de Mau-gouverne; à Paris, les Badins, les Turlupins,
les Enfants sans-soucis; à Dijon, la Mère-folle et son
cortége; à Rouen enfin, la confrérie des Conards,
à peu près vers le milieu du XIVe siècle.

Si l'on en croit les chroniques normandes, le fon-
dateur aurait été un certain Dom de la Bucaille, sur
lequel une chanson a longtemps circulé dans la cité
d'Évreux; chanson qui révèle en même temps la
façon dont les prélats en usaient avec les moinesses :

> *Vir Monachus in mense Julio*
> *Egressus est e monasterio*
> *C'est Dom de la Bucaille.*

> *Egressus est sine licentia*
> *Pour aller voir Dona Venitia*
> *Et faire la ripaille.*

Ce Dom de la Bucaille, prieur de l'abbaye de
Saint-Taurin, rendait d'assez fréquentes visites à la
dame de Venisse, abbesse de Saint-Sauveur.

Dans les communautés des deux sexes, on prési-
dait à l'élection d'un abbé fou et d'une abbesse folle.
Mais c'est surtout dans les monastères normands
que l'on verra cet usage répandu aux fêtes des In-

nocents et des Conards. Odon Rigaud, archevêque
de Rouen, dans une visite pastorale qu'il avait faite
à son diocèse, en 1245, racontait déjà en son procès-
verbal que les vierges consacrées au culte, s'aban-
donnaient en toute gaieté à la pratique des saturnales.
« Nous vous défendons, leur écrivait-il, ces amuse-
ments dont vous avez l'habitude : *ludibria consueta ;*
de vous revêtir d'habits profanes, ajoutait le prélat :
inducendo vos vestibus secularium ; et de danser
soit entre vous, soit avec des séculiers : *aut inter
vos, seu cum secularibus choreas ducendo.* »

Comme on le suppose, l'usage avait bel et bien
converti en droit la célébration du fameux anniver-
saire, et le chapitre de toute cité provinciale, autori-
sait dans les monastères la perception de certaines
dîmes en nature et en argent, lorsque revenait l'é-
poque destinée à faire subir un si violent échec à la
raison.

Dans le cérémonial de l'église de Saint-Pierre, au
parvis de Soissons, en 1350 : « Le sous-diacre qui
est sepmainier, doit donner deux esteufs blancs aux
josnes dames de l'abbaye de Notre-Dame pour aler
jouer à Sainct-Georges et Sainct-Nicolas, emmy le
pré du cloître, et pareillement le dimanche cras. »
En Provence, à Arles, dans les actes d'arrente-
ment de la *Manse* capitulaire, se trouve cette pi-
quante mention touchant le jour de Saint-Trophyme,
à l'abbaye de Saint-Césaire : « L'archevêque fol,
amé sa fole compagnié, venoun al moustiers per
visita l'abadesse folle en lo couvent. » Le fermier du
chapitre, devait fournir le vin à discrétion pour les
soupers de l'archevêque des Innocents et des Fous.
Le 29 décembre, selon l'usage du pays, à l'abbaye
de Saint-Césaire, l'abbesse folle offrait à son com -

père six gros en argent, « une boune galine ben
grasse », six pains de fleur de froment, etc., six pe-
chié de vin, de la mesure del moustiers, et du bois
pour faire du feu au réfectoire.

Ce qu'il y avait de plus curieux dans le branle-
bas sacerdotal était interprété par les femmes. Le
jour des saints Innocents, l'élection d'une abbesse
folle et d'une petite abbesse, qui usurpaient la
crosse et la place de l'abbesse légitime, amenaient
les plus piquantes perturbations. Les religieuses
remplaçaient les chantres au lutrin, portant sur le
nez des lunettes dont les verres étaient remplacés
par des écorces d'oranges, vêtues d'habits grotesques, encensant l'autel avec de vieux cuirs en-
flammés, jouant aux dés, et mangeant des boudins
dans l'église. Une citation de l'époque en offre la
preuve : *Nimia jocositate et scurrilibus cantibus
utebantur, utpote farsis, conductis, motulis*, etc. —
On usait d'une joyeuseté extrême, de chants bouffons; on se livrait même à des farces, à des mou-
vements désordonnés, etc.

Dans les couvents d'hommes, l'abbé des sots,
abbas stultorum, entamait des relations toutes
nocturnes avec les petites abbesses. Quoi de plus
rationnel, puisque la liturgie allait quelquefois jusqu'à admettre un simulacre d'épousailles entre un
évêque et une supérieure de nonnes, en quelques-
unes des cérémonies catholiques, comme lorsqu'il
s'agissait de l'installation d'un prélat en son diocèse.
Ainsi, en pareille circonstance, les évêques de Flo-
rence et de Pistoie, comme le raconte Salvi, et ceux
de Troyes, couchaient dans le couvent sur un lit
très-orné, passaient un anneau au doigt de l'abbesse :
Il vescovo... sposava madonna, o vogliam dire ba-

*dessa, alla quale restàva l'annello che era molto
ricco e bello.* — L'évêque épousait Madame, c'est-à-
dire l'Abbesse, à laquelle restait l'anneau, qui était
fort riche et très-beau.

Au contraire, à l'entrée solennelle de l'archevêque
de Rouen, l'abbesse et les religieuses de l'abbaye de
Saint-Amand recevaient monseigneur dans une salle
de charpente dressée devant le monastère. En cet
endroit, la supérieure, revêtue de ses insignes, met-
tait au doigt du prélat un anneau enrichi d'une pierre
précieuse avec cette parole : « Je vous le donne vivant, on me le rendra après votre mort. »

II

De tout temps, comme on le voit, l'Église a ressenti une attraction haute et puissante pour la
femme. Elle l'a chantée par la bouche des poëtes
bibliques ; elle a tissé des draps de lin pour recevoir
la nudité de son corps d'ivoire.

Aujourd'hui, les religieuses sont plus que jamais
les descendantes de sainte Gertrude et de sainte
Thérèse. Comme Psyché, fiancée à un époux invi-
sible, elles ne doivent l'entendre que dans le silence
des nuits cellulaires. Est-ce le bord de sa robe
qu'elles croient presser en joignant si fiévreusement
les mains ? Sont-ce les parfums de sa chevelure rousse
dont elles se figurent respirer les émanations ? Dis-
tinguent-elles le spectre sacré de Jésus debout sur
les tabernacles flamboyants ? Enfin croient-elles ex-

haler dans le sein du beau juif, le dernier soupir d'une âme toute consumée par l'amour?

L'Église a des paroles d'une profonde et voluptueuse expression : « Mon bien-aimé est en moi, et je suis en lui. » Que peut-on dire de plus, où trouver un trait plus énergique de l'intimité admise avec Jésus? Les saintes qu'il fascine pourraient décrire ses transports, les colloques qu'il engage avec elles, où il va jusqu'à se déclarer jaloux du confesseur qui reçoit leurs aveux. Cet homme pâle, du bourg de Nazareth, dont l'image est offerte nue aux baisers des vierges, a sur elles encore une énergie d'étreinte qui les plonge dans une mer de félicités ardentes, les laissant sous l'action d'un perpétuel mouvement d'amour. A l'approche du Maître divin, à son contact, les religieuses sentent « une incredible » et intolérable volupté qui « lasche les liens de la vie ». Jésus est encore pour elles leur démon, leur génie familier. Toutes, elles ont ressenti sur leur corps « ces douces flammes, ces délicieuses plaies de l'amour, cette mignarde main de Dieu ».

Si nous revenons aux moinesses des XVe et XVIe siècles, d'après Henri Estienne, on voit dans le procès des Jacopins de Berne, « qu'ils furent trouvez faisant grand'chère au milieu de belles dames dedans leur couvent, non point accoustrez en moines, mais en gentilshommes ». A la faveur d'un capuchon, les femmes passaient la grille, car il se trouvait toujours au dehors, afin de les amener, un frère Lubin assez éloquent :

Pour desbaucher par un doux style,
Quelque fille de bon maintien.

Ce même Henri Estienne, si terrible en ses his-
toires, parle de Cordeliers jouant à la paume avec des
jeunes filles, à la condition que les perdants auront
la peine de coucher avec les gagnants. On sait que la
papauté tirait ses revenus les plus importants des
impôts prélevés sur les courtisanes.

L'Église a formulé l'expression de sa convoitise
vis-à-vis de la femme par cette seule parole dans
la bouche d'un de ses docteurs : « Sauver une belle
âme qui habite un beau corps. »

III

A quels précédents, à quelles formes primitives
se rattachait le mot *Conard*, qui servit si longtemps
à exprimer la Société des fous, de Rouen ? D'après
M. Leber, un savant noticier, du chaperon cornu
appelé *coqueluchon* porté par les fous, à l'épithète
de *cornard* qu'on donnait à un mari trompé, la tran-
sition était facile. Le rapport du sot-fol avec le cornard se trouve établi dans un acte de 1391, où l'un
des deux adversaires traite l'autre de coquart et de
sot, car, s'il faut l'en croire : *il n'est si mauvaise
conardie que sotie.*

Ce qui rattacherait le mot *conard* à une même
parenté d'origine que les mots *coqueluchon* et
coquart, c'est cette citation de Ducange, des *Anti-
quités et singularités de la ville de Rouen* : « Les
Conards ont leur confrairie à Notre-Dame-de-
Bonne-Nouvelle, où ils ont un bureau pour consul-
ter de leurs affaires. Ils ont succédé aux *coqueluchers*,

— autre société de fous — il y a environ cinquante ans, qui se représentoïent les jours des Rogations en diversitez d'habits. Mais parce qu'on s'amusoit plutôt à les regarder qu'à prier Dieu, cela fut présenté pour les jours gras à ceux qui joüent plus pàrticulièrement les faits vicieux, qu'on appelle vulgairement *Conards* ou *Cornards*. »

Quoi qu'il en soit, les mots *coqueluchers, Coquarts, coquibus, conards, cocu, sot*, sont synonymes. On trouve ce vers dans une de nos plus anciennes pièces de théâtre :

Elle ! elle n'en fera qu'un sot, je vous assure.

Molière a dit :

Epouser une sotte est pour n'être point sot.

L'on a voulu trouver aussi une analogie entre le personnage de l'abbé monté sur un âne et cette pratique dont on usait à l'égard d'un mari joué par sa femme, ou du voisin du mari, et qui consistait à placer l'un des deux sur un âne à rebours; mais nous croyons voir dans l'âne de la fête des Fous un souvenir plutôt hiératique que bouffon.

Il demeure prouvé en toute certitude que les conards n'avaient d'autre mission que celle de représenter « les faits vicieux ». Nous admettons avec un de nos plus infaillibles érudits, M. Paul Lacroix, qu'il faut écrire *Conard* et non *cornard*, ainsi que l'on avait essayé de le faire, dit-il, pour la décence de l'expression. Les trois premières lettres de ce substantif font assez connaître, selon lui, le stigmate de son origine populaire, et prouvent que le français, comme le latin, brave l'honnêteté dans les mots.

Mais aujourd'hui, hâtons-nous de le dire, nous n'attachons au titre de Conard que l'idée d'une action amusante et burlesque, et ce titre a presque lavé sa racine étymologique sous les traits fins et moqueurs qui ont été l'apanage des gens de Conardie. La société des XVe et XVIe siècles tout en gardant à chacun de ses membres cette épithète malsonnante de *Conard*, nous la rend donc en quelque sorte transformée, par la justesse énergique du bon sens et l'élégance d'esprit qui ont caractérisé avec un certain éclat les écrits collectifs de ceux qui en ont porté le nom.

L'élection d'un abbé des Conards était faite tous les ans par les associés de Conardie; sa juridiction durait une année entière, et la fête avait lieu le jour de saint Barnabé, patron de la confrérie, ainsi que le jour des Rogations. Les religieuses et les moines aimaient mieux célébrer les fêtes des saints de cette façon, que de se prosterner devant leurs fossiles. L'abbé parcourait ses États monté sur un âne. Dans l'introduction de cet animal à la fête des Fous, il y avait sans doute une réminiscence de l'âne de Silène. On trouve aussi certains rapports avec l'*Asinus vehens mysteria*, dont il est question dans Aristophane. Le chef du cortége, coiffé du coqueluchon vert à houppe ou à longues oreilles, portait la *marotte* ou *momon*, insigne de son autorité, et qui prenait quelquefois la forme d'un priape. Il était suivi de sa cour grotesque, aux vêtements faits d'oripeaux bariolés, de devises ou d'images d'une licence provocante.

Dans les mascarades des jours gras et qui rele-

vaient toujours de la société conardique, s'étalaient
les habits *dissimulés* ou *dissolus*. Revêtus du masque
qui offrait des attributs du sexe masculin, ces porteurs de déguisements pouvaient, sans être reconnus,
sous les yeux des maris mêmes, posséder leurs
femmes. De plus, quelques parties du corps, celles
qui sont faites pour être cachées, étaient mises à
découvert par ces vêtements.

L'on peut concevoir qu'une fois entrée dans les
communautés, la troupe conardante n'avait plus de
frein ; quelque chose de semblable à l'incident qui
couronnait les repas des Carpocratiens devait s'accomplir. A un signal donné, les invités des deux
sexes se dépouillaient de leur fol accoutrement
et dans un tout autre but, on le devine, que celui de
se meurtrir la chair comme dans les pénitences nocturnes de Fontevrault.

Le vert dominait dans le costume primitif adopté
par les Conards. Emblème de la folie, sa couleur se
trouvait semblable à celle que revêt la nature à la
venue du printemps. Il y avait, en effet, une pi-
quante affinité entre la future saison où allaient
poindre les feuilles, qui n'était pas sans aiguillonner
la fibre sensuelle des hommes, et l'époque du carna-
val où l'on entrait, qui lâchait bride à tous les ins-
tincts et convoitises.

« Certainement la plus commune voix est qu'il
n'y a que le printemps qui esveille les corps et les
esprits endormis de l'hyver fascheux et mélanco-
lique ; et puisque tous les oiseaux et animaux s'en
rejoüissent et entrent tous en amour, les personnes
qui ont autres sens et sentiment s'en ressentent bien
davantage. » Cette livrée printanesque fut par conséquent synonyme de toutes les fêtes de Conardie.

Lorsque la saison du vert approchait, entre l'espace de temps compris depuis la dernière semaine de janvier « jusqu'au mardy gras suyvant, pénultième jour de fevrier » rien ne pouvait contenir l'impatiencé des Conards ; les mandataires de l'abbé parcouraient les rues de Rouen en soufflant dans leurs trompes ou cornets.

Les nonnains attendaient la fringante invasion, revêtues de vêtements masculins, ce qui se trouvait être le plus haut degré de licence, comme le prouve l'un des griefs d'accusation formulés contre Jeanne d'Arc pour avoir porté des habits d'homme. — On peut dire qu'il était tacitement convenu, dans ces réunions : « que là ne seraient reçües, sinon les belles, bien formez et bien naturez, et les beaux bien formez et bien naturez »

Tout prélat, au XVIe siècle, devait s'efforcer d'atteindre au portrait qui avait été tracé du moine : « jeune, galant, frisque, dehait, bien adextre, hardy, adventureux, délibéré, hault, maigre, » — ce dernier trait manque d'exactitude, car la fumée de leur cuisine aurait suffi à les engraisser, — « bien fendu de gueule, bien advantagé en nez, beau despescheur d'heures, beau desbrideur de messes, beau descrotteur de vigiles ; pour tout dire sommairement, vray moyne, si oncques en feut. » Estimant que des vêpres bien sonnées sont à moitié dites, la première page du bréviaire pour eux devait être une belle femme ; la sainte chapelle, les cuisines, et leurs desservants d'autel la troupe des officiers de gueule.

A côté de cette peinture, il faut accrocher un autre médaillon de religieuse, tel que le décrit dans Rabelais le joli frater fredon, fredonnant, fredondille, d'après les fraîches nonnains entre lesquelles tout prêtre peut choisir ; voici l'esquisse : « le corsage droit, le teint lis, les cheveux blonds, les yeux noirs, le minois coint, les sourcils mols, les traits meurs, le regard franc, les pieds plats, les talons courts, le bas beau et les bras longs. »

Pour être homme d'église... on est d'autant plus homme, c'est un fait à déduire ; la preuve est qu'en parlant d'une abbegesse à blanc plumage « qu'il vaut mieux chevaulcher que mener en main » ; l'auteur de l'un des plus fameux romans du XVIe siècle, qui fait parler le cardinal d'Amboise, lui met en la bouche : « qu'elle était cointe, jolie, bien valant un peché ou deux. »

En effet, quoique les épaules des jeunes nonnains n'apparaissaient plus abritées sous l'abondante chevelure léonine, cependant on pouvait encore retrouver les subtiles beautés du corps féminin dans les couvents. Si les moines devenaient très-gras au fond de leurs monastères, les habitantes des abbayes — en en exceptant les fameuses extatiques — ne maigrissaient pas. La religieuse que le fanatisme n'a pas ravagée, apparaît aussi en la communauté, doublée de cet embonpoint qui donne aux formes physiques un contact plus moelleux et plus doux.

Le cloître ajoutait peu de chose au libertinage du siècle. Si la religieuse ressentait si vivement dans sa cellule cette « sueur d'amour », cette piqûre de la chair, il était reçu que toute belle femme qui passait par le joug d'hymen avait un amant au lendemain de ses noces. Mais l'esprit et le goût enveloppaient la licence des actes. On voit dans les chroniques du temps, des gentilshommes refuser accointance de plusieurs dames très-belles parce qu'elles étaient idiotes, sans âme, sans esprit, sans paroles. Dans la bonne société, le débordement du langage, non moins grand que celui des actes, était regardé comme relevant encore le charme de la possession. « Si elles ne savent rien dire, elles sont si dessavourées que le morceau qu'elles vous donnent n'a ny goust ny saveur. » Telle était l'opinion émise en pratique galante. Mais, du moins, il n'y avait aucun danger à redouter en s'énamourant de la femme d'autrui. C'est ce que prouve la réponse faite par une jeune fille d'illustre maison sollicitée de répondre au désir d'un de ses serviteurs : « Attendez un peu que je sois mariée, et vous verrez comme sous cette courtine du mariage qui cache tout, et ventre enflé et descouvert, nous y ferons à bon escient. »

L'Église, était souvent pleine de contradictions, autorisant toutes les débauches, pourvu qu'elles fussent cachées ; tantôt envoyant ses nonnes auprès de ses vieux prélats, et tantôt les descendant vivantes au fond des *in-pace* — fosse ou puits destinés à ensevelir la vestale monastique ayant forfait à ses vœux. — C'est là que, sans espoir de délivrance, un être plein de vie se tordait en dernières crispations dans les sourdes entrailles du sol.

A côté de ces barbaries, ajoutons encore que ce ne serait pas en se contentant de peindre les nonnains en buste, que l'on donnerait l'expression des débauches ecclésiastiques, qui n'ont pas heurté seulement la beauté faite pour le grand jour. Aborder les joyeusetés cléricales, ce serait presque se trouver sur la grève d'un ruisseau bien caché à tous les regards, où s'ébattraient de jolies baigneuses dont on entreverrait, à travers les feuillages luisants et découpés, les lignes fuyantes, les charmes secrets sous le transparent manteau des ondes.

IV

La danse était l'un des plus piquants accessoires de la fête des Fous. Au sortir des brandons et des chorodies, la danse jetait les saltatrices toutes éperdues entre les bras des diacres, des sous-diacres ou diacres soûls.

L'Église conserve, à son insu, toutes les formes voluptueuses des civilisations antiques. Les béatifications des saints ont leurs ballets ambulatoires. Les prélats, au concile de Trente, dansent avec les dames invitées au festin qui suit le concile. Dans le fameux bal qui fut donné à Philippe II, roi d'Espagne, en 1562, Louis, archevêque de Magdebourg « dansant avec les dames jusqu'à la minuict, cheut et trébuchat à terre si rudement, qu'il se rompit le col et la dame qu'il menait. » On voit relaté, au XVIIe siècle, dans les archives du collége de la Flèche, que les Jésuites directeurs, organisèrent un ballet assez curieux. On y avait représenté l'amour divin inaugurant un pas de deux avec les divinités de l'Olympe. Dans les entreprises sur les cœurs rebelles, le Saint-Esprit appelait à son aide les Naïades, Morphée et Vulcain.

On conçoit que, dans les danses de la fête des Fous, le fluide magnétique qui se dégageait de deux êtres emportés par un mouvement identique les conduisait à la plus irritante volupté, au « Sesame

ouvre-toi, » prononcé victorieusement sur les sens.
Que devaient être ces attouchements du prêtre, que
la société relevait pour un instant de ses vœux?
Lui qui en arrivait à évoquer, dans ses nuits terribles, la forme charnelle dont la vision dévora la
pensée des solitaires, et qui en pétrissait l'argile
amoureuse, rien que par la seule force du désir;
quelle profondeur d'ivresse devait marquer ses
actes !

Si l'amour a jamais déraciné les chênes, selon
l'expression saphique, c'est bien en ces fanfares
de l'Église, où les religieuses entretiennent leurs
amants de « beaux et lascifs discours, » ne se
gênant pas non plus, ainsi que les dames de haut
parage, « pour se laisser taster, toucher, embras-
ser. » C'est ce que prouvent les énergiques apos-
trophes des prédicateurs du XVIe siècle qui ont
dénoncé les concubines des prélats : « *sacerdotes
concubinarii* ». Dans les monastères, à huis clos, les
moines apparaissent avec leurs yeux flamboyants,
leurs mains avides, haletants, comme ces hommes
que les poëtes nous dépeignent en proie à la ven-
geance d'une divinité qui les consume de feux.

On ne nous accusera pas d'hérésie, puisque tout
est liturgique dans ces faits. Aussi peut-on rappe-
ler un incident assez piquant des *Mystères*, à l'occasion du vendredi saint.

La troupe des confrères chargée d'exprimer la
scène du Golgotha, attachait sur la croix un beau
jeune homme presque nu. En face de lui étaient les
trois actrices représentant les trois Maries, choisies
parmi les plus belles filles de la ville, et qui se te-
naient debout, les seins découverts. Si l'on en croit
les traditions, ce genre de beauté qui consiste en

une gorge opulente était vivement recherché par l'évêque; il attachait une haute importance à ce que les femmes qui possédaient un rôle dans la cérémonie fussent pourvues de ces deux demi-globes voluptueux, les laissant libres, dans « le désordre de la douleur », d'émouvoir ou non le représentant du Christ, qui avait fort longtemps ce spectacle sous les yeux.

Or, un jour eut lieu un fait singulier entre celui qui jouait le personnage de Jésus et celles qui formaient le groupe des filles de l'Évangile. « Notre hercule galant », ajoute l'historien de la fameuse anecdote, « posté à l'avantage, avait en perspective une demi-douzaine de tétons capables, par leur systole et leur diastole, de subjuguer la vertu du plus froid anachorète, ce qui occasionna un incident très-comique et très-profane, car le crucifié, au lieu de prononcer du haut de sa croix des paroles dignes de celui qu'il représentait, prononça des turpitudes dignes de la damnation éternelle..., et telles enfin qu'on peut les deviner ».

Nous trouvons ailleurs un fait non moins étrange ayant trait à cette partie arrondie et proéminente du buste féminin. En Angleterre, Robert Grosse-Tête, évêque de Lincoln, vivant sous le règne de Henri III, avait cru trouver le moyen de se rendre compte de la sagesse des nonnes. A chacune de ses visites, il en faisait mettre devant lui un certain nombre, et là, inspiré d'un saint zèle et d'une ardeur toute canonique, il expérimentait la virginité des religieuses en pressant leurs mamelles. *Facit exprimi mamellas.*

Il est facile à déduire que, ne se refusant rien dans la vie privée, les prêtres et les moniales s'en donnaient à cœur joie aux jours consacrés pour les saturnales.

V

L'art, qui est un plus grand historien que les chroniqueurs, a conservé des preuves irrécusables des faits et gestes des religieuses, dans les monnaies, les jetons ou *jetoirs*, les médailles, frappés à ces époques de liesse. Il y a une affinité indiscutable entre ces monnaies et les cachets, ou *sigilla*, des saturnales, que les Romains s'offraient mutuellement dans ces réjouissances appelées aussi *sigillaires*. L'inscription *Moneta*, gravée sur les petites pièces de plomb léguées pour les fêtes des Fous, ne doit cependant pas être prise à la lettre, car il ne s'agit pas ici d'une monnaie mise en circulation et possédant une valeur égale à celle de l'objet échangé, comme l'or ou l'argent. L'effigie ne porte point non plus la figure du souverain régnant; mais ces médailles, dont on a donné les empreintes en 1837, n'en sont pas moins des titres archéologiques fort sérieux, quoique trop souvent indéchiffrables.

Ainsi, par exemple, une de ces pièces est ainsi construite :

Sur la première face est une mitre d'évêque ou d'abbé avec cette légende :

DE BONE : NON-NAINS.

Au revers, où les figures du champ sont effacées, se trouve le second fragment de la légende :

NON CVRE-DE V-IE-LX. A. B.

Ce qui signifie textuellement : De bonnes nonnains n'ont cure de vieux abbés.

Il n'est pas douteux que nous ne possédions là
un fragment des monnaies de plomb de la fête des
Fous fabriquées pour les religieuses. L'inscription
dont cette médaille est ornée serait due à quelque
clerc bel esprit qui partageait leurs plaisirs. Les
jeunes moniales avaient ainsi un monument indiscutable de la sagesse de leurs aïeules, sorte de
malicieuse provocation à les imiter.

Parmi les autres médailles il faut encore distin-
guer les suivantes, et dont voici la construction :

P.-LE-CONTE-ARCHIEPS-S-FIR. COFES.

Un évêque avec la croix double.

Au revers :

TROVVERRES-BON COMPTE. 1540.

Le rébus se compose d'un cerf, d'une tête de
bœuf et d'un troisième objet demi effacé. Cette
monnaie appartient à l'église Saint-Firmin, le confesseur d'Amiens, comme celle-ci :

M-AP FIRMINI-COF. 548.

Un évêque tenant une croix, et bénissant.

Au revers :

GVERRE-CAVSE MAINTZ HELAS.

Dans le rébus se trouve une grande paix.

Voici une autre monnaie que l'on ne peut ratta-
cher à aucun couvent connu :

FRERE-ANTHOINE-CRESPEAV.

Une rosace à quatre fleurs de lis.

Au revers :

POVR-AVOIR-BRVIT. 1545.

Rébus fait de signes très-compliqués.

Comme l'exprime la devise, il s'agit d'un moine
qui, en grande gaieté, a voulu faire un peu de bruit,
et par ce moyen a transmis son nom à la pos-
térité.

MONETA. ARCHIEPI-TVRPINI : A°. 1518.

Un évêque avec la croix.

Il s'agit ici d'une monnaie d'Anvers. Le titre
d'archevêque qui se trouve marqué, l'a fait ratta-
cher à la paroisse Saint-Firmin. Le nom de *Turpin*
fait allusion à une famille assez connue dans la ville.

Au revers :

FAISONS : CES : GROS : PAR : TOVT : COVRIR.

Dans le champ s'ajoute un rébus formé des lettres PŌ et NOS, et de deux vases en forme de mar-
mites, entre les mots : TE et NIR. Cette légende,
dit M. C. Leber, est un précepte de joueur, comme
si l'on disait : Faisons courir les écus.

d

Les commentateurs avaient cru un instant que le rébus était tiré du grec à cause du mot PŌ NOS. Mais au moyen âge le mot PŌ avec un trait sur l'o n'indique qu'une abréviation : POR, qui signifie : pour ; et ce mot, séparé de NOS, est placé de façon à ce qu'on lise : *pour nos*, et non *ponos*.

L'inscription constitue par conséquent ces deux vers :

> *Faïsons ces gros partout courir*
> *Pour nos marmites entretenir.*

VI

Mais, à côté de ces documents archéologiques, le monument le plus important de la fête des Fous, à cause de sa rareté, de ses galloisetés exquises, celui que l'esprit français a marqué de sa vive et ineffaçable empreinte, c'est, nous ne craignons pas de l'affirmer, ce fameux petit livre du XVIe siècle, ayant pour titre : *Les Triomphes de l'abbaye des Conards*, et qui n'est autre que la peinture des matinées de la folle confrérie, avec le recueil des bonnes facéties et gourmades salées.

On peut atteindre, mais on ne dépasse pas cette chute de saillie qui fait l'effet d'un pavé sur le ridicule qu'il écrase. L'homme qui reçoit ce pavé sur la tête, laïque ou prêtre, ne s'en relèvera pas. Il est tué raide sous la plaisanterie meurtrière.

A nous, par conséquent, Gaulois de la bonne souche, l'épithète martialienne, le trait qui fait dégager le ridicule, l'image enamourée qui bondit comme un joyeux fantoche, la forme caricaturale qui suspend à ses crocs, bourgeois, gentilhomme, magistrat. A nous cette puissante incarnation du génie démoniaque, lançant son ricanement sur toute chose, jetant les préjugés sur le billot, pour conduire au véritable stathoudérat, celui de l'esprit. A nous enfin ce vieux sentiment révolutionnaire qui s'attaque aux choses établies, poussé par je ne sais quel instinct de redressement, de perfection, depuis Rabelais jusqu'à Bayle et Voltaire. Si jamais on tentait de remonter jusqu'aux sources de la liberté de la presse, ce serait en prenant place dans ce chariot conardique, d'où pleuvaient sur la foule les *pasquilz* et autres écrits satiriques dans lesquels aucun personnage n'était épargné, membre du parlement ou marchand; les rois mêmes, témoin Henri VIII d'Angleterre, furent cités au tribunal sans merci érigé pendant la fête des Fous. Sous le masque emprunté par l'acteur qui les représentait on a reconnu tour à tour Charles-Quint, les Guises et le pape Paul III. Or, qu'était-ce déjà que toutes ces *montres*, sinon la liberté de la presse en action?

En 1540, à l'occasion de la demande faite par les Conards au parlement de Rouen, la cour, moins favorable à la confrérie que les années précédentes, refusa d'autoriser la grande mascarade nocturne. Désappointement très-vif parmi les intéressés, qui ne voulaient rien moins qu'établir la procession annuelle à Fécamp, ou à Saint-Gervais, paroisse tout à fait indépendante de la juridiction épiscopale de Rouen, et ne relevant que de l'abbaye de Fécamp.

Au milieu de l'effervescence générale, l'huissier Sireulde « bel esprit et bon conard », eut l'idée d'adresser un dizain au parlement, qui établit un sou-

dain revirement en faveur de la société. Sur cette
nouvelle requête, la cour, mise en gaieté, rendit cet
arrêt en vers, le 21 févier 1540 :

> *Permis vous est, souffert et toléré,*
> *Gros Père abbé, vos barons et marquis,*
> *Aller masqué, triomphant, phaléré.*
> *Les jours et nuicts en triomphes exquis.*

Telles sont les origines des fameuses exhibitions
dont le récit fait sous la rubrique : *Les Triomphes de
l'abbaye des Conards,* constitue la substance du
livre, édité plus tard, en 1587, chez Nicolas Dugord.
Ajoutons cependant que le libraire fut poursuivi
pour avoir imprimé la description de ces *montres,*
et les pamphlets, dizains, ballades, rimés en l'honneur de dame Conardie.

C'est qu'en effet ces montres, ou ces cortéges, accomplis à diverses époques, furent de terribles allu-
sions. On eût dit que, comme *Asmodé,* le génie
railleur de la société conarde décoiffait toutes les
maisons pour en surprendre les secrets. Ce qui s'é-
tait fait dans le silence de l'alcôve, ce qu'on n'avait
raconté qu'à l'oreille de son voisin, était dévoilé,
pendant ces jours de représailles, à la grande confusion de ceux qui se trouvaient ainsi mis en scène.

La politique y possédait ses acteurs. Henri VIII,
au lendemain du jour où il avait pillé les abbayes
d'Angleterre, fut désigné par le personnage qui dans
la procession faisait le prophète Daniel, sous le nom
de Balthasar, roi des Babyloniens. Ce prince, d'après
l'Écriture, s'était fait servir les vases sacrés, ce dont
il avait reçu le châtiment immédiat :

> *Cela nous peut beaucoup signifier,*

ajoutait malignement le dernier vers, dont il n'était guère besoin de souligner l'allusion à propos d'Henri Tudor. Ce même Henri VIII, Charles-Quint, un fou, et le pape Paul III, furent aussi représentés en train de se disputer la sphère, c'est-à-dire l'empire du monde, et se disant entre eux : « Tiens-cy, baille-ça, ris-t'en, mocque-t'en... et margoüilloyent ce pauvre monde assez rudement, de sorte qu'il eust beaucoup à souffrir entre leurs mains. » Lorsqu'enfin on voyait dans le cortége trois ou quatre individus habillés avec faste et cherchant à disputer un sceptre, comment ne pas reconnaître les Guises.

Un des priviléges accordés à la société, était le droit d'octroyer aussi à d'autres la permission de se masquer, moyennant finance. Les membres de la confrérie prenaient si bien le haut du pavé, qu'on trouve dans les registres du parlement de Rouen — février 1547 — que les juges n'osaient plus venir au palais habillés de leurs robes rouges et montés sur des mules « de peur des insolences que pouvaient faire les dits jours Messieurs allant par les rues avec leurs robes d'écarlate ».

Le haut clergé, comme on le pense, était le plus maltraité. Le fameux abbé Fagot, monarque universel des Conards, suivi de ses cardinaux et dignitaires, n'était-il pas la vivante figure de l'Église, mangeant entouré de ses concubines, et portant, lui aussi, un bréviaire en forme de flacon qui contenait, disait-on, le vin théologal ?

Le repas était dressé sous les halles immenses de la vieille tour. On lisait, en guise d'évangile, la chronique de Pantagruel. Après le festin avaient lieu les farces, comédies, danses et morisques. On érigeait un plaisant tribunal pour juger les causes grasses.

Les prix étaient donnés à ceux qui avaient fait la plus sotte chose de l'année. Aussi les concurrents n'affluaient pas. En 1541, la récompense fut décernée à un homme qui, faute d'argent, avait joué sa femme aux dés.

Le dernier chapitre du livre simule le catalogue d'objets grotesques mis en vente par adjudication : telles que les mitaines de la reine de Saba, la branche à laquelle Absalon fut pendu par les cheveux, la mâchoire d'âne avec laquelle Samson tua les Philistins, etc... Ce dernier paragraphe est sans contredit inspiré du fameux inventaire fait par Rabelais, des livres trouvés à Paris, à la librairie de Saint-Victor : Le Moutardier de pénitence, la Savate d'humilité, le Peloton de théologie, la Croquigolle des curés, les Anicrochements des confesseurs, l'Apparition de sainte Gertrude à une nonnain de Poissy en mal d'enfant, etc.

La faction ecclésiastique finit par se lasser d'être dévoilée entre toutes ces montres. Les chanoines n'osaient plus rire, certains d'y être servis en pâture à la foule avide, qui s'arrachait les quatrains, pamphlets, jeux de mots, calembredaines, « contenant mille choses hardies que les Conards n'auraient pas osé dire », mais qu'ils ne se gênaient pas pour écrire. Ils avaient si bien « corné des choses non pareilles », qu'en 1562, pour avoir voulu braver la défense qui leur avait été faite de se masquer, ils furent presque maltraités par le peuple, qui ne reconnaissait plus ses alliés. La ligue les frappa aussi ; mais, en 1595, ils reparaissent, autorisés par le parlement. Ils commirent alors l'imprudence de représenter le Saint-Siége, ce qui devint le signal de leur ruine.

Richelieu, par un édit donné à Lyon le 21 janvier 1630, dissout la société de la Mère-Folle. Le dernier décret relatif aux Conards de Rouen serait, d'après les actes judiciaires, de 1626 : l'Église avait vaincu. Ainsi se vérifiait le prudent avis, donné par Editüe, en l'île sonnante, à propos de la gent monacale, et qui est encore vrai aujourd'hui :

« Homme de bien frape, féris, tue et meurtris tous rois et princes du monde, en trahison, par venin, ou autrement. Quand tu voudras, déniches des cieux les anges, de tout auras pardon... A ces sacrez oiseaux ne touche, d'autant qu'aimes la vie, le profit, le bien, tant de toy que de tes parents et amis vivants et trepassez : encores ceux qui d'eux après naitroient, en seroient infortunez. »

Quel que soit le rôle assez licencieux des religieuses de la fête des Fous, elles ne laissent après elles, comme certains fondateurs d'ordre, rien qui fasse repousser leur mémoire avec horreur. S'il plaît d'en évoquer le souvenir, c'est dans les ballades des poëtes, sous les arceaux des vieux prieurés, témoins des orgies fameuses des moines, avec les hétaïres de l'Église ; mais du moins elles n'inspirent point la pensée, d'ajouter un nouveau mystère au Sacré-Cœur et d'ériger en dogme leurs visions maladives, ou celle de battre monnaie avec leurs ossements.

Il faut se garder de l'allusion qui, sur ces lignes, attirerait peut-être le même verdict que sur les Conards ; mais, comme il serait le bien venu au XIXe siècle le trait conardique, si, par ce mot on entend résistance écrite ou parlée à toute sottise, à tout engouement, à tout principe menteur, à toute flatterie puérile envers une nation, à toute

personnalité présomptueuse, à tout élément jésui-
tique qui tente de s'introduire au milieu de nous ?
Comment ne pas souhaiter encore ce triomphe des
hauts jours de Conardie, si pour nous il constitue
l'indépendance de la langue, la fermeté philoso-
phique, le hautain sentiment de notre force morale,
appuyée sur le droit examen ?

Vive donc cette confrérie de penseurs et d'écri-
vains, successeurs de l'école du XVIe siècle, chez
lesquels la raison, acérée par l'ironie, poursuit la
lutte victorieuse contre l'obscurantisme. Plaise à la
littérature et à l'histoire que quelques-uns de ceux-
là qui tiennent aujourd'hui le sceptre de la critique
et de la science, conservent en leurs œuvres cette
force de résistance contre toute théorie bâtarde qui
entrave la marche de l'esprit humain ; c'est chez eux
qu'on ira encore chercher les reflets de cette verve
petillante et courageuse qui brille dans les registres
de Conardie.

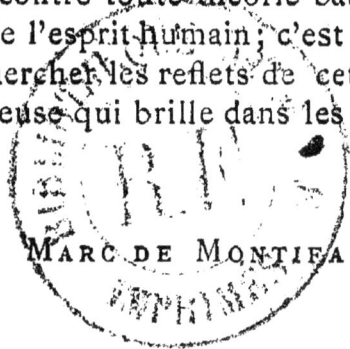

MARC DE MONTIFAUD.

LES

TRIOMPHES DE

L'ABBAYE DES CONARDS,

SOVS LE RESVEVR EN DECIMES FA-
got Abbé des Conards, contenant les criees
et proclamations faites, depuis son aduene-
ment iusques à l'An present.

*Plus l'ingenieuse Lessiue qu'ils ont conardement mon-
strée, aux iours gras en L'an M.D.XL.*

Plus le Testament D'oüinet, de nouueau augmenté par
le commandement dudit Abbé, non encores veu.

*Plus la Letanie, l'Antienne, & l'Oraison faite en ladite
naison Abbatiale en l'An 1580.*

A ROVEN,

Chez Nicolas Dvgord, libraire : demeurant
en Erbanne près limage S. Romain.

Extraict du Privilege de l'Abbé.

Il est permis à Nicolas Dugord et Loys Petit, libraires, d'imprimer ou de faire imprimer *les Triomphes de l'abbaye des Conards,* tant ce qui s'est passé jusques à aujourd'huy, que de ce qui se passera en l'abbaye, jusques à six ans finis et accomplis, sans que durant ce temps, il soit permis à aucun autre, de quelque qualité ou condition qu'il soit, imprimer ou faire imprimer, vendre ne distribuer aucun desdits livres, sur peine de cent marcs de Brelingues de sept sols. Comme il est plus à plain contenu en nostre privilège, pour ce donné à l'Escu de France, au marché aux veaux, le 12 de décembre 1586.

Ainsi signé : ne courez plus le trot,
Beuvez tout beau, et attendez Fagot.

REQUESTE

Presentée à Monsieur Aubert, Lieutenant de Monsieur le Baillif de Rouen, pour obtenir privilege leur imprimer ce recueil.

A Monseigneur monsieur le Lieutenant Aubert, le gras conseil des Conards. D. S.

*Vous n'ignorez, monsieur, que nos hauts jours
Approchent fort, et que pour esmouvoir
Nos bons suppots, tant les frisques que lourds
Il faut ces jours à l'esmeute pourvoir.
Or, monseigneur, combien que pour tout voir
L'abbé ne fut de vous onc esconduit,
Si requiert-il ce qui fut fait et dit
En l'an passé imprimer en son nom.
Par ce moyen haussera son credit
Et des Conards le haut bruit et renom.*

Response de la requeste faite par Monsieur le
    Lieutenant, le mercredy 18. jour de janvier
    1541.

SUBSCRIPTION.

Va tost, dizain, porte ce privilege
Au bon abbé et à tout son college :
« Veuë par nous des Conards la requeste,
Avons permis, voulu et accordé
Faire imprimer, sans en faire autre enqueste,
Leurs faits et dits comme il est recordé ;
Et outre (avons), le tout bien regardé,
Expressement enjoint et deffendu
A toutes gens qu'il en soit nul vendu,
Sinon de ceux cachetez du cachet
Du pere abbé, ce point bien entendu,
Sur peine à eux de passer le guichet. »

Ainsi signé : Aubert, un paraphe, avec Rogere, greffier, commis au bailliage.

L'ACTEUR PARLE AINSI.

FRATRES, le dimanche penultieme jour de janvier 1540, nostre resveur en decime abbé des Conards, avec partie de son gras conseil, assemblé en certain conclave, aprés avoir desjeuné et estre remplis de l'expression bachique, conclud et proposa pour le commencement de ses hauts jours faire une chevauchée, qu'il a de coustume faire annuellement à Saint Julien, qui est un prieuré de chacun sexe, situé loing de la ville de Rouen, environ quatre stades neuf pieds quatre poulces six lignes et demie, mesure d'abbé.

Mais pour ce que, par ordonnance ou defense faite par la police si vile, l'on ne pouvoit, sans danger d'amende ou de prison, faire sonner tabourins, fleustes, phiffres, trompes, trompettes, cimbales, cornemuses, vielles, carivary, hautsbois, rebecquets, bourdons, violons, harpes, loures sourdes, orgues, timpans, pippets, cornets, tant de veneurs que de bergers, chifournies, bassins de jongleur estevez en l'air avec deux bastons, et generalement tous instruments de musique ou representans son de melodie, estoyent si deffendus et abolis qu'il n'estoit memoire d'aucune risée publique. Toutesfois l'abbé, lequel n'a superieur, n'eust aucun regard à telle ridicule ordonnance, consideré que tels sons sont les timbres et cloches du couvent, ce neantmoins aucuns niais pusillanimes et trop timides ne voulurent rompre tel edit et statut, et ne voulurent permettre qu'il y eust aucun tabourin, fleuste ni trompe; mais se transporterent audit lieu de Saint Julien avec l'abbé, cardinaux et autres officiers, prelats de l'abbaye, jusques au nombre de XXVI mil six cens soixante six personnes, tant à pied qu'à cheval, audit lieu, sur une moyenne motte. Et estoit illec propre pour le sieur abbé et son conseil, un grand pavillon, tel que celuy que Perceforest avoit fait pour le tournoy, assis entre Sidrach et Tantalon; auquel pavillon le sieur abbé fist appeler les subjets et vassaux, dependans de la fiévrie de son abbaye, tant de robbe courte que de robbe longue, lesquels comparent tous, fors le noble cardinal de l'Estrille, lequel, pour sa nonincomparence, fut suspendu et cassé pour neuf ans, et pour ce aussi qu'il fut chargé d'aucun cas assez maisgres à dire.

Les appeaux faits, se presenterent illec plusieurs poursuivans et pretendans aux offices, ou benefices de l'abbaye vacantes souvent, ou par incapacité, simonie et tromperie, que par decés ou autre maniere permise en droit.

Le sieur de Montalinas, baron de Moulineaux, prothomeusnier de l'abbaye, homme de gros et vif entendement à deffier nos pousches, chez luy fist remonstrer par un des orateurs du gras conseil, ses qualitez et bon vouloir au benefice commun de l'abbaye, requerant pour aucunement le remunerer des services par luy faits, et qu'il esperoit faire au sieur abbé et au couvent, luy estre presenté un chappeau de cardinal à prix raisonnable. Ceste requeste fust sur le champ mise au conseil et promptement accordée, par l'advis de la plus grande partie du conseil, à la charge, pour contenter quelques competiteurs qu'il avoit, que pour estre du moule des gros cardinaux, il mangeroit trois fois la sepmaine des febves cuittes et autant de fois force rabes de Limosin ou de Clyon, combien qu'il eust quelque commencement de pance levée et joue soufflée, ce qu'il promist tenir. Et ainsi fût creé cardinal septantième au tiltre de loyauté,

et luy fut delivré le chappeau avec l'habit enfa-
riné, et monté sur un asne de mesmes, laquelle
estoit assez instruicte à le conduire à son diocése
de Moulin. Ce fait, le sieur abbé fist une petite
reveuë de ses novices et commanda delivrer les
bulles audit cardinal en patent, le tout en payant,
afin de publier à l'entrée de la ville lesdites
bulles.

Le sieur abbé et son conseil, avec leur suitte,
se mirent de retour, et eux arrivez aux faux-
bourgs Saint-Sever, se trouverent cent trente-
deux fallots flambans et autant qu'ils ne flam-
boyent. Trouverent aussi deux chariots, dedans
lesquels y avoit des fougons pleins de feu de
grand resplendeur. Autour desdits fougons, personnages accoustrez à la mode nécessaire. Le
menu peuple estoit là, attendant la seigneurie
de l'abbé, avec tartevelles ou cressérelles, desquelles les petits enfans sonnent tenebres la semaine de Pasques ; ils faisoyent plus de bruyt
que ne fist l'artillerie des Grecs à la prinse de
Troye. Les chevaucheurs du train du sieur abbé
portoyent pendu au bonnet, chacun un petit bé-
don touchant à l'aureille. Avoyent aussi force
sifflets de terre et bois, dont ils faisoyent une
melodie diableuse, et vrayement les sieurs abbé
et cardinaux en estoyent fort regaudis. En telle
simphonie et train, cheminerent jusques au bout

du pont, auquel lieu par le lecteur du couvent, fut publié et fait lecture du patent de la creation du sieur cardinal de Montalinas, lequel tenoit assez bonne morgue, de laquelle bulle la teneur ensuit.

PROVISIO CARDINALATUS ROTHOMAGENSIS JULIANENSIS LU. MASE NOTUS BANQUEROU.

Paticherptissime pater abbas Conardorum et inconardorum ex quacumque natione vel generatione sint aut fuerint, dilecto nostro filio naturali, et illegitimo Jacobo a Montalinasio salutem et sinistram benedictionem. Tua talis qualis vita et sancta reputatio cum bonis servitiis, enterramentis, ac obsequiis que olim nobis et cathedræ nostræ perforatæ fecisti, et quod diffidimus quod postea facies secundum indolem adolescentiæ ac sapientiæ tuæ in Conardicis actibus. Induxerunt nos erga te ad exercendum omnem favorem et pinguedinem, cum ita sit quod antea et depost nostram erectionem vacaverint dignitates multæ per venditionem, trompationem, incapacitatem, indispositionem, aut alio quovismodo : tamen non potuimus te gratificare, et ad amorem sine odio ad nos atyrare, pro vendendo tibi soli ullam dignam indignitatem, nisi hodie cum exerceremus pios usus creavimus te cardinalem septuagesimum sub titulo legalitatis, cum suis usufructibus pro vita tua in omni sacculo ubi erunt omnia legumina et frumenti genera sicut sunt triticum, siligo, ordeum, avena, orobum, pisa, fabæ, cicera, lentes, orisa, et quæ omnia et singula poteris habere obti-

nereque per vim dicti tituli, et omnibus aliis reve-
nutis et emonumentis in molendinario tuo de omnibus
his chanonice provoyantes.

Ayando singulare regardaculum ad grandos ac-
ceptabiles et servitiorum labores, maxime pro mum-
mis argenteis de te per nos pro pergameno per-
cipiendis. Ad qualem titulum legalitatis expectam
et volumus quod sis in illa provisu, et per nostras
presentes has literas nos te providimus. Non obstante
quod nos invenissemus achaptatorem qui eam indi-
gnitatem a nobis emisisset plus de undecim ducatis
quam tu, non obstantibus etiam regulis cancelariæ,
privilegiis, statutis, vel quibuscunque ceremoniis
et constitutionibus abbatialibus, etc. Quo circa
mandam ad amicos, inimicos, et benefactores nos-
tros qui ex hoc seculo transierunt, vel transituri
sunt, tam ad cardinales et ad patriarcharum cuneos
quam ad pseudo prophetas vel veredicos nostros
quatenus habeant te ponere, statuere, instalare,
et investire, tam in choro, chordis et organo quam
in cymbalis benesonantibus faciantque te jocun-
dari ex ludere de libertatibus, franchisis, et cir-
cunstantus ab omnes saccos annexis generalibus
ad hæc dependentibus et deputatis ad causam di-
gnitatis dicti tituli. Vænundatum in tentorio nostro
prope sanctum Julianum sub annullo peccatoris,
anno pontificatus nostri. VI. kalen. fabacearum, hora
vero noctis. XVII. more Conardorum computando.

Et au dessoubs estoit escript : *concessum*, avec
un merc ou caractere crossu comme un pan-
nier.

De l'autre côté y avoit : *Dibarola*. Et du chiffre avec un grand vieil registrata d'abbé.

Ceste lecture fut de grand esbahissement au menu peuple, consideré que l'on n'avoit encores jamais expedié rien en latin, en la court de l'abbé, et en sourdit grand murmure ; mais cela se passa devant que le sieur abbé et son conseil eussent souppé à l'*Agnus Dei*, ou illec fut deliberé, envoyer aucun du gras conseil, avec quelque lettre de credit, par devers les sieurs du senat, pour deliberer de quelques doubtes. Ce qui fut fait par l'un d'entre eux, de laquelle lettre et requeste la teneur suit.

Dix jours aprés la publication de ladite bulle, le cardinal predit fut, par un quidam ignorant de son pouvoir, reprins d'avoir prins d'une moulture deux sacs ; mais il perdit sa cause du premier coup.

COPIE DE LA LETTRE OU EPISTRE

Presentée à nos sieurs de la court de Parlement.

SUBSCRIPTION.

Le gras conseil des Conards et l'abbé
De vous, nossieurs, pretendent le jubé.
En revoluant ces hauts jours les escrits
Des anciens, ô nos peres conscripts !
Nous avons leu de Socrates un fait
Dont desirons vous celebrer l'effet.

Socrates, plein d'incredible science,
Faisant lecture à tous de sapience,
Un beau miroër tenoit en son estude
Où tout disciple, avec mansuetude
Instruit de luy, par foy estoit tenu
Soy speculer, ou vestu, ou tout nud,
Afin de veoir si en son corps nature
Avoit failly ou fourny d'ornature,
Ou speculer selon geometrie
Du corps la forme et bonne cymetrie.

Quand l'un voyoit en son corps elegance,
Lors il l'aornoit de vertu et prestance,
Et s'excitoit de grace le munir,
Afin de l'ame avec le corps unir,
Si qu'on ne vist noircir la pulchritude
Du corps par l'ame en vice ou turpitude.

Si à un autre il estoit manifeste
Par le miroër aucun membre infeste,
Ou bien difforme, ou du tout inutile,
Le bon Socrate, avec raison subtile,
Le concitoit à estre studieux,
Prudent, facond, bening, industrieux,
Sobre, constant, diligent, equitable,
Humain en faits et en dits veritable ;
Ce qu'il faisoit afin de reparer
Ce que nature avoit nie parer.

Jurisconsuls, ce miroër socratique,
L'abbé, ces jours, le veut mettre en pratique ;
Mais, cognoissant de vous l'integrité,
Clemence et foy, force et sincerité,
Avons voulu tresbien considerer

Que nous devions tels cas deliberer
Avecques vous. Pour quoy, donnez conseil,
Comme pour vous ferions en cas pareil.

  Outre, donnez licence ces hauts jours
De triompher en phiffres et tabours,
Et confermez l'ancienne coustume,
Afin qu'aucun insolent ne presume
Troubler Conards, car, nossieurs, maint novice
Craint d'acquerir de rigueur la justice;
Vous permettez, jouxte aussi nos requestes,
Jouër nos jeux comme bons et honnestes.

  Escrit ce jour en l'estude nathée,
Presens Mimi et dame Galathée.

Ainsi signé, nossieurs, je vous promets :
Helas! bon temps, reviendras-tu jamais?

Et au dessoubs estoit escrit : *Nul feal n'ay hay*, qui est le nom tourné du facteur.
Et au plus bas ce qui ensuit :

Au procureur general du Roy soit monstré la presente. Fait en Parlement, le vij. jour de fevrier M. V. C. XL.

Ce qui fut fait par les commissaires à ce deputez, par l'abbé et son conseil, et leur fut renduë par ledit procureur general du roy, ainsi soubscripte :

Ouy le procureur general du Roy, sont les sup-
plians permis faire et jouër en la maniere accous-
tumée; pourveu qu'ils ne commettent aucun excés,
force ou exaction, et qu'ils n'aillent en masque de
nuict, et ce pour le dimenche, lundy et mardy gras
seulement. Fait en Parlement, le x. jour de fevrier
mil cinq cens XL.

Ladite responce, apportée au conseil du sieur
abbé, ne leur fut grandement aggreable pour la
denegation de la masque de nuict, ce qui est
plus occasion de provocquer maint jeune Conard,
à comparer en bon esquipage, à la monstre du
sieur abbé, qu'autre liberté que l'on aye. Pourquoy fut deliberé ne faire aucune chose pour
l'année en la ville de Rouen, mais à Fescamp ou
Saint-Gervais. Telle conclusion venuë à la cognoissance de Jacques Syreulde, bon Conard et
jadis bel huissier en ladite court, comme vray
protecteur des risées communes, presenta à ladite court le dizain qui ensuit :

A Nossieurs de la court de Rouen,
  Honneur, et mieux, le bon jour et bon an.

  Requiert l'abbé, son conseil et suppots,
Que confermez l'ordonnance derniere,
Ou autrement ils vont mettre en des pots,
Au plus offrant, crosse, mitre et banniere.
Parquoy, nossieurs, la monstre tant planiere
Ne permettez abolir et casser;

Mais jours et nuicts les veuillez dispenser
Masques porter d'invention nouvelle.
En ce faisant vous le verrez passer
Sur beaux charrois en memoire immortelle.

Signé : LE GRAS CONSEIL.

Au dessoubs dudit dizain estoit la respônce de ladite court, comme ensuit :

Permis vous est, souffert et toleré,
Gros pere abbé, vos barons et marquis,
Aller masqué, triomphant, phaleré,
Les jours et nuicts en triomphes exquis ;
Phiffres, tabours, charrois, flambars requis,
Ne soyent en riens par aucuns empeschez ;
Sans faire mal qu'aprés n'en soit enquis,
En gloire et paix vos actes depeschez.

Fait par la Court en tranquille sejour,
L'an mil cinq cens quarante ce matin,
Mois de febvrier vingt et unieme jour,
En vers françois retirez du latin.

Ceste responce de ladite court fut recueillie par ledit Conard et apportée au greffe de l'abbé, lequel fist assembler le conseil, et tous d'un accord delibererent la monstre. Et pour plustot esmouvoir novices du couvent, fut publié par les carrefours de la ville de Rouen, à son de tabours, et trompe, et phiffres, lesdites requestes subscriptes, en la compagnie de quarante trois ou quarante quatre cheveaux seulement et autant de falots. Semblablement fut leu par ledit lecteur de l'abbaye, une semonce ou convocation generalle, pour faire l'assemblée au dimenche gras accoustumé, de laquelle convocation ou semonce la teneur ensuit :

CONVOCATION CONARDE.

Sortez, Conards, sortez des cachez lieux,
Pour plus qu'antan faire de bien en mieux :
Laissez banquets, manger, boire et repos,
Pour plus qu'antan vous monstrer bons suppots,
Et affectez l'honneur de Conardie
Pour relever le bruit de Normendie.
  Dimenche gras venez baguez, pasquez, flasquez,
Avec l'abbé, brouillez, cachez, masquez,
Soyez féaux, mettez-vous en devoir,
N'ignorez point de l'abbé le pouvoir :
Car la grand Court nous authorise en tout,
Masques porter jour et nuict jusque au bout ;
Le roy le veut, l'entend et le permet,
Plus nostre abbé, plus que jamais promet,
Et à la fin de mieux vous asseurer :
Faites paix-là et oyez referer
L'octroy de Court permis du roy aussi,
Pour vous oster de crainte et de soucy.

Ceste criée de convocation faite, la lecture des requestes et expeditions de la court de parlement, leuës ainsi qu'ils sont cy devant escrites :

Le mardi, xxij. jour du mois de fevrier, le sieur

abbé et son conseil assemblerent, pour ce qu'il
n'y avoit aucune apparence de compagnies, fist
derechef publier par tous les carefours de la ville,
avec falots, phiffres, tabours et bon nombre de
Conards masquez et habillez assez galentement
et montez sur bons coursiers, lesquels faisoyent
compagnie au lecteur du couvent, qui feit lecture
de la ballade qui ensuit.

BALLADE.

Puisque la Court royale et souveraine,
Soubs qui l'abbé sans rompre doit ployer,
Garde le droit et grace primeraine,
De Conardie et se veut employer,

Doibt pas l'abbé son guidon desployer
Son auriflamme en tabours et alarmes,
Pour ennemis tous provocquer à larmes,
Lesquels jadis songerent nous troubler :
Mais tant y a que leur chair peu hardie
Feit aux haults jours en honneur redoubler
Triomphe et bruit en dame Conardie.

Masque endormie en ce jour est certaine
Qu'il marchera sans en rien desvoyer,
Dimenche gras jusqu'au pont Taritaine.
Par le patent qu'il a pleu envoyer.
L'arrest donné, plus n'y faut renvoyer,
Sinon qu'aux jours limitez et aux termes
Viennent Conards et cornus en bons termes.

3

Au vieil palais cedit jour assembler.
Et fussent-ils d'Espaigne ou Lombardie,
Pour à plusieurs le faire bon sembler
Triomphe et bruit en dame Conardie.

Soyent exilez en region loingtaine
Ceux qu'on devroit pendre, non pas noyer,
Soyent tous suppots en puissance hautaine
De leur merite attendans le loyer.
Soyent mesdisans jusques au larmoyer,
Vains et confus, debiles et enfermes,
Soyent vrays Conards asseurez et tous fermes
Soyent malveillans remis jusqu'au trembler,
Et leur puissance, en tout abastardie,
Soit en tous lieux pour nos plaisirs combler
Triomphe et bruit en dame Conardie.

ENVOY.

Nostre prelat qu'on ne peut denigrer,
Ne son conseil par farce ou comedie,
Ce jour vous veut en tout reintegrer
Triomphe et bruit en dame Conardie.

Le xxiiij. jour dudit mois, ledit sieur abbé
assembla, par maniere de concile, tous ou la
plus grande partie des sieurs de sa monarchie,
tant la spiritualité que temporalité, tant ses officiers domestiques que sauvages. Lesquels assemblez en lieu public et commun, tous as-

sis selon leurs iniquitez, demanderent la cause
de leur mandement, ausquels, par le chancelier
de l'abbaye, fut sommairement, par le commandement de l'abbé, respondu que leur bon
abbé, pour le renom qu'il avoit, ne pouvoit satisfaire à l'entretenement de l'estat de sa personne, et fournir aux grosses et lourdes despensés
qui se font és hauts jours. Mesmes et consideré
les derniers, qu'il luy couste à deffrayer plusieurs
seigneuries, communautez, colonies et autres
princes particuliers, ausquels pour les pacifier et
tenir en amitié et aliance pour paye, par pen-
sions et apointemens, plus de six ou sept mil
florins au monde, par chacun an ou au dessouz,
ce qui est cause que depuis trois ou quatre ans
en çà n'a esté memoire d'aucune rebellion, es-
motion ou sedition populaire. Remonstrant aussi
qu'à ces despens communs, les survenans en ces
chapitres estoyent tous quittes pour dire *profi-*
ciat, et s'en alloyent barbe rase au pied ferrat.
Pourquoy demandoit à toutes ces choses leur
opinion et advis.

Ce propos fini, s'approcherent tous l'un de
l'autre et esleurent pour recueillir leur advis,
le sieur Guillot Langevin, lequel fist retirer les
robbes longues à part, et eux avec luy barbe-
terent assez longuement ensemble; mais je ne
sçay qu'ils disoyent. Autant en fist ledit sieur

Guillot avec les robbes courtes, et puis fist son refert au chancelier.

Ainsi, seigneur, dit-il, nous tous avons approuvé grandement la prudence et providence du sieur abbé, afin qu'il oste toute crainte d'avoir faute d'argent, nous et nos biens sont à luy, pour subvenir à la chose publique, à la condition qu'il ne pourra thesauriser plus de vingt sols ensemble. Au reste, pourra, pour l'entretenement de son tinel, lever quelquefois aucunes amendes sur les delinquans, à l'ordonnance conarde dernierement faite, afin de ne pretendre ignorance ; c'est mon advis qu'ils soyent publiez ce jourd'huy. Ledit sieur abbé et son chancelier se contenterent de ceste response, avec ce que le chancelier remonstra au sieur abbé qu'il ne demonstrast aucun signe d'avarice car, dit-il, cela est odieux aux Conards, principalement depuis que les abbez commencent à vieillir.

Ainsi fut ordonné la publication de l'ordonnance, laquelle fut faite en grande et notable compagnie ce jour mesme.

Cy ensuivent les ordonnances Conardes publiez à Rouen, le xxij. jour de fevrier 1541 :

Guillaume, abbé des Conards par milliers,
A nos amez et feaux conseillers

Tenans les gens de Paris et Bordeaux,
A nos huissiers, nos sergens et bedeaux,
Baillifs, Prevots de la machine ronde,
Et mesme à tous les Conards de ce monde,
Saluts, ducats de Castille à deux testes,
Et rides force aux grosses vieilles bestes.
Sçavoir faisons qu'avec le gras conseil,
Avons ces jours, fait edit nompareil
Pour abolir la longueur des procés,
Toutes erreurs, abbus, faveurs, excés,
Et tous tels cas, afin de nos suppots
Tenir en paix amitié et repos,
Et statué par loy et ordonnance
A l'observer sans aucune ignorance ;
Comme coustume en ce païs on garde,
Faites garder l'ordonnance Conarde.

POUR LE DOMAINE FOUREUX DE L'ABBÉ.

Pour nostre foureux domaine,
Le porc, truye et le ver
Pourront la foure lever
Jusques au pont Taritaine.

SUR LE FAIT DE NOS AIDES.

C'est qu'au lieu de rebiots
Aux maistres passez de boire,
Deussent-ils avoir la foire,
Seront reputez piots.

AUX MEUSNIERS.

Nous accordons aux meusniers

Prendre la quarte pour mine,
Mais ils feront bonne mine
Quant ils payeront nos deniers.

AUX TAILLEURS ET COUSTURIERS.

Pour une loy coustumiere,
Nous voulons que cousturiers,
S'ils ne sont fins ouvriers
Ne pourront faire banniere.

AUX BONS PIONS ET TAVERNIERS.

Et pour se monstrer bon divin,
De jour l'eglise, au soir taverne
Faut hanter : mais qu'on s'y gouverne
Sans troubler service du vin.

AUX STAPHIERS INHUMAINS.

Staphiers, pour eviter la rithme,
Coucheront nos sots tost et tard
Sans en exiger un patard,
Sur peine d'en payer decime.

AUX CALUMNIEUX.

Contre les calumnieux
Soutenans faits de reproche,
Seront fessez de la croche
Et declarez vicieux.

AUX SYMONIAQUES.

Nous ordonnons que tout prestre,

S'il veut troquer benefice,
Sera saisi d'une office
Dont nous tiendrons le sequestre.

AUX GLORIEUX DE LEUR NOBLESSE.

Menestriers, barbiers et lacquets
Jouïront de leur noble gloire,
Pource qu'il n'est point de memoire
Qu'ils l'ayent par nouveaux acquests.

DISPENSE AUX CONARDS MARIEZ.

Conard ayant femme en gesine
Cependant pourra se pourvoir,
S'il a besoing faisant devoir,
Avec sa servante ou voisine.

AUX GROS CHRESTIENS.

Ordonnons à tous les nostres,
Appellans du droit escript,
Eux fier en Jesuchrist,
Un petit plus qu'aux Apostres.

DE NE FAIRE GRANDE DESPENSE POUR ESTRE MAISTRE PASSÉ.

Pour estre maistre Massé,
Ut omnes reficiat,
L'on fera proficiat
Sur peine d'estre cassé.
Et pour mieux toucher au but,
L'œuvre ne sera dit bon

S'on n'abbreuve le jambon :
Il ne fut onc qu'on ne beut.

AUX ENFANTS PRODIGUES.

A l'enfant qu'on a mancipé
Voulons que de rien face bien,
Mais que de bien face rien,
Cela luy est anticipé.

RAPPORTER AU GREFFE LES COURTIERS NOUVEAUX DES CARTIERS VENERIENS.

Nos mortepayes et courtiers
Du Lyon, Gredil et Rouvray,
Feront aux hauts jours rapport vray
De ceux qui hantent leurs cartiers.

SEMBLABLE RAPPORT SE FERA DES CAS CONARDS.

A un chacun nostre cousin
Mandons rapporter en chapitre
Tous cas, pour en faire registre,
Tant soit-il parent ou voysin.

SALAIRE DES SERGENS.

Sergens auront pour marc la livre,
Et d'enfondreurs s'il en est source,
Auront le pillage et la bourse,
Autrement ils ne sçauroyent vivre.

DE NE BAILLER REMISSIONS.

Nostre chancelier inutille
Ne donnera remissions,
Sinon par nos permissions
Ou pour la liberté civille.

DE FRANCHISE ET LIEU D'IMMUNITÉ.

Franchise et lieu d'immunité
N'auront lieu pour faits de reproche,
Sinon en accollant la crosse
Avec grâce et humanité.

NETTOYER LES RUES LE DIMENCHE GRAS.

Ordonnons que chacun se monstre
Diligent nettoyer les rües,
Sur peine d'amendes congruës,
Au jour prochain de nostre monstre.

AU PROCUREUR GENERAL DE CONARDIE.

Nostre procureur general
Et substitut, pour leur salaire,
Prendront argent pour satisfaire
A leur habit trop liberal.

AUX PORTE-MASQUES AUTRES QUE CEUX QUI NOUS ACCOMPAGNENT AU JOUR DE NOSTRE MONSTRE.

Aucuns follets et frais ponnus
N'auront liberté de porter

4

Masque, sur peine d'atempter,
Si avec nous ne sont venus.

A TOUT NOSTRE GRAS CONSEIL.

En lieu de mercurialles,
Nos consuls seront tenus
Traitter des faits de Venus
Aux festes abbatiales

ORDONNANCE SUR LES GROS FRUITS.

Tous marchands de gros et cruds fruits,
Comme de noix, courges, melons,
En la saison des jours treslongs
D'y mettre prix seront instruits.

LA COGNOISSANCE DU PRIX DU VIN RETENUE.

Aucuns rapporteurs mal appris,
Dont le commun fort nous laidenge,
Ont eux taxe sur la vendange,
Mais nous en revoquons le prix.

POUR LES BROUILLONS DE BOISSONS.

Tous sophistiqueurs de boissons,
De quelques droits qu'ils soyent munis,
Comme ennemis seront punis
Ou comme donneurs de poisons.

Si enjoignons (Conards) et ordonnons,
A tous nos feaux supposts et compagnons,
Ceste ordonnance au long executer
Sans autrement encontre disputer.

Outre voulons, sur peine d'avoir l'ire,
De nous, l'abbé, partout les faire lire
Et publier, afin de poinct en poinct
Les observer Mais quoy, n'y faillez point,
Selon qu'ils sont en leur forme et teneur,
Si autrement il vous viendra malheur.

Donné ce jour en la maison publique,
Par nous et eux, le tout en voye oblique,
L'an mil cinq cens quarante, de fevrier
Vingt et deuxieme, ainsi signé : l'ouvrier.

Ces ordonnances, publiées au veu et sceu de tous Conards, donnerent quelque terreur au commencement aux faciles à effriter; mais petit à petit s'asseurerent par accomplir et garder les articles de l'ordonnance; bien leur en print, car l'on ne leur promettoit pas mefles blecques, dont l'abbé s'est trouvé bien trompé toutes fois, car il pensoit avoir force grosses amendes et autant pour le brodeur.

Le samedy xxvj. jour dudit mois, veille du dimenche gras, qui est le grand, gros, gras, haut et magnifique jour de nostre dit sieur abbé, fust par luy envoyé le sergent à masse, accompagné de huit vingts neuf gens à cheval masquez, à compter les portefalots, tabours et phiffres, faire une criée par la ville, telle qui ensuyt :

De par l'Abbé tenant ce jour chapitre
Et les suppots de la Crosse et du Mittre,

Consideré de nos suppots le nombre
Qui se dispose et prepare soubs umbre
De la licence octroyée et donnée
De par la Cour, et par nous ordonnée,
   Voulans ces jours par vray et Conard zele,
Tant au gentil dame que damoiselle
Donner plaisir, est dit que le grand jour
Commencera pour triompher autour
Demain midi ou plus tost, non plus tard.
Outre, l'abbé nostre prince Conard,
Veut et vous prie estre prests à dix heures,
Si vous n'avez opinions meilleures.
   Que vos falots, phiffres, tabours et trompes
Soyent esquippez en triomphes et pompes,
Si que chacun nous face obstention
Des cas Conards, en l'obstentation
Du pere abbé, pour en forme estre mis
Et declarez obstant aucuns amis.
   Fait au conseil logé au bois Saint-George,
Present l'abbé, lequel trempoit sa gorge,
Ainsi signé : Regnaud tirelardon
La tantirely mirely guodon.

Ceste criée faite, il estoit heure de soupper, pourquoy fut l'eau corner pour laver. Environ le dessert, arriverent plusieurs postes, courriers, herauts, legats, ambassadeurs et messagers, les uns s'adressans aux maistres des requestes, autres aux cardinaux et gens du prieuré conseil, lesquels mirent tant de nouveaux cas en avant que l'on ne sçavoit ausquels entendre. De vray, s'estoit un desordre que de donner audience à tant de survenans, qu'il n'ensuivit que confusion, tout fut renvoyé jusques au mardi gras. Et adieu jusqu'à demain.

Le dimenche gras, sur le midi, se trouverent au vieil palais de ladite ville de Rouen, place dediée à faire telles assemblez, ledit sieur abbé, avec ses resveurs en decimes cardinaux, patriarches, chancelier, protonotaires et autres du collége, accompagnez des neuf vices du couvent, au nombre de xxiiij ou xxv. cens personnes, accoustrez et masquez de si diverses sortes, et conduits d'une si haute gaine, qu'impossible est faire mieux sans art d'ennemy. C'estoit un miracle de vin que de voir leur ordre, pourquoy le college des cardinaux retenu. L'on fist marcher, pour servir de parade, lesdits neuf vices tout devant avec leurs falots, trompettes, tabours, portemesches et le bagage à l'enseigne.

Derriere ce menu fretin, marchoit un vieil homme monté sur un asne, jambes et bras nuds, accoustré mincement, et sembloit un fantôme, et tenoit en sa main une teste de mort, et donnoit où il vouloit, en plusieurs endroits, un dizain escrit à la main dont la teneur suit :

DIZAIN.

En la saison des Conards où nous sommes,
Verité dort, ou ell' n'ose parler.

Les foibles ont les plus pesantes sommes,
Trahison va par la terre et par l'air,
Raison n'a lieu où argent veut allér,
Marchandise est proche du cymetiere,
La foy on cache et ne se monstre entiere,
Envie court, on y adjouste Foy ;
Faveur conduit comme ell' veut la matiere,
Ainsi tout va contre la droite loy.

Aprés ce personnage suivoit une grande bande,
laquelle portoit marchandise ensepulturer en
pompe funebre, ainsi qu'il ensuit :

LE POMPE FUNEBRE DE MARCHANDISE MORTE.

Premierement, marchoit un personnage à cheval, revestu de drap noir en forme de deuil, son-
dit vestement couvert de grandes larmes d'argent, un chapperon blanc en sa teste, couvert de
grandes larmes vertes en façon de dueil, son
coursier couvert d'une attrapeure de drap noir,
en forme de deuil semé de larmes d'argent, et
portoit une enseigne attachée à une lance ou
estoit figuré d'un costé force vaisselle d'or et
d'argent. De l'autre costé estoyent ces mots escrits : *Alchofribas le disoit bien.* Ce personnage
étoit conducteur dudit pompe funebre de marchandise.

Aprés ce personnage et porte enseigne, marchoit à pied vne homme boiteux nommé *Diligence*, vestu comme dessus, ayant en sa main vne cloche, laquelle il sonnoit continuellement.

Aprés ce boiteux marchoyent les serviteurs, domestiques de la maison de marchandise, ayans chacun un gros clarain ou clochette, dont ils sonnoyent continuellement, ayans chacun escrit derriere leurs dos : *Pauvre commun*.

Trente-six jeunes enfans orphelins, revestus et accoustrez de semblable parure, marchoyent deux à deux, portans chacun un cierge de quatre livres piece, et derriere eux un personnage, monté sur une mulle houssée et enharnachée en dueil, lequel personnage portait un gros cierge de dix livres. Au cierge estoit attaché, au lieu des armoiries accoustumez de pendre aux cierges de funebres, un escompartiment ou estoit escrit sur un champ d'or en lettre d'argent, *la Republique*.

Marchoit aprés une litiere de noir, semée de larmes blanches, couverte, en laquelle estoit escrit, tant devant que derriere : *Marchandise*. Ceste litiere, portée par deux gros chevaux couverts d'attrapeures noires semées de larmes blanches, sur lesquels estoyent montez deux pages accoustrez comme dessus ; l'un avoit une banniere ou estoit escrit : *Avarice*, l'autre une autre banniere ou estoit escrit : *Malheur*.

A l'environ de ladite lictiere marchoyent les maistres d'hostel, jusques au nombre de six, montez sur gros coursiers couverts de semblables attrapeures. Les maistres d'hostel, vestus comme dessus, et portoyent chacun une banniere.

En la premiere enseigne estoyent figurez un noble et deux *ss* qui faisoyent noblesse;

En la seconde estoit l'Eglise, et y avoit une eglise painte renversée;

En la tierce banniere estoit paint: *Labeur*, tenant un fleau et une charruë auprés de luy;

En la quarte banniere y avoit force argent espandu et de la vaisselle d'argent;

En la cinquieme estoit paint un homme ayant force bources à ses pieds, lequel s'appeloit *Credit*;

En la sixieme estoit paint : *Trafique*, et y estoyent deux hommes melancholiques.

Les pensionnaires de la maison de Marchandise marchoyent aprés, vestus tous en babelou, ayant tous chacun leur nom escrit sur l'espaule, et marchoyent deux à deux; ainsi, Perte et Peine alloient ensemble; et les suivoyent Soucy, Hazard, Hardiesse, Dissimulation, Crainte, Ennuy, Melancholie, Faux Semblant, Invention, Infidelité, Abjection, Anxieté, Desespoir, Rapine, Ruïne, Peril, Entreprinze, Deffiance, Asseurance, et Tromperie, faisoit le derriere, ainsi qu'un doyen à la procession.

Ceste bende estoit suivie par un chariot carré garny et revestu de noir, tiré par trois chevaux d'une mesme pareure, couvers de larmes blanches, sur lequel chariot estoit assis un personnage nommé Espoir, et tenoit en sa main une espoire ou sphere d'or, et estoit vestu de satin blanc et vert, ayant une masque riante et joyeuse, lequel personnage bailloit en chacun carefour de la ville le dizain qui ensuit :

DIZAIN.

Oüez, oüez oüez, oüez,
Et vous taisez si vous pouvez.

Tant print d'ennuy de se voir asservie,
Celle qui fut n'agueres libre et forte
Et qui donnoit aux pauvres gens la vie,
Que de ce mal tost aprés en est morte.
L'abbé Conard et toute sa cohorte
Luy fait honneur trop plus que profitable.
A deplorer perte si lamentable
Que ferez-vous? Priez tant les hauts dieux
Qu'espoir riant, aux jeunes, favorable,
Face revoir ce qu'on osté à vos yeux.

Quatre personnages principaux, officiers de la maison de Marchandise, portants leurs hon-

neurs, costoyoient ce chariot : l'un nommé la
Terre, l'autre l'Eauë, l'autre le Feu, l'autre
l'Air. La Terre portoit une enseigne où estoit
paint l'Air; l'Air portoit en son enseigne la
Terre; l'Eauë portoit en son enseigne le Feu;
le Feu portoit en son enseigne une mer, le tout
paint semblablement. Lesdits personnages, vestus de dueil comme dessus, et leurs chevaux de
mesme pareure.

Aprés lesdits officiers estoit un autre chariot,
d'une invention gentille, tiré par six chevaux
accoustrez comme dessus sur lequel estoit un
nombre de jeunes enfans, lesquels suivoyent ledit Espoir pour le bon visage qu'il leur portoit,
ayans chacun une verge ou houssine en leur
main, où estoyent attachée une table d'attente
et vertus de dueil couvert de larmes blanches,
comme il est dit.

Derriere toute ceste compagnie, pour la conclusion et fin dudit pompe funebre, marchoit
un autre personnage monté à l'avantage, et sembloit estre de plus grosse qualité que les dessusdits, toutesfois accoustré comme les autres, et
estoit nommé *Attente*.

Le bagage servant à la politique de l'abbaye
marchoit aprés en si grande compagnie qu'il n'y
avoit ordre de les mettre chacun en sa chacune;
car les sergens marchoyent coste à coste les

baillifs et vicontes, les enquesteurs avec les
accusepets, les reformateurs avec les lieutenans,
les gens de l'abbé avec les gouverneurs des lieux
dangereux, comme Rouvray, le Vert Buisson,
Lyon d'Argent, le Gredil Tircuit, Bas de Fesse,
et autres serviteurs bien affamez et renommez.
Avec ceste compagnie estoyent les sieurs et
princes de mal espargne du pont Taritaine, du
Monthelet, Chantraine, Nidequien; les ad-
miraux de Robec, la Renelle, Ausbette, Rouge-
mare et du trou Margot; les ducs de Mussegros, de Foutipou, Bouttenraye, Frappecul, Mor-
monfons, Engoulevesnier; les abbez de Baille-
vent, Maupencé, Maumisert, et Rien ne sçait.
Les evesques de Platte bourse, Trop tost n'ay, et
Bas de poil.

Le premier et dernier huissier avec le sergent
à masse, singulierement selon leur estat accoustrez, marchoient aprés la compagnie dessus dite.
Aprés eux le treshonoré, digne et precieux baston pastoral, communément appelé la crosse
portée par un grand homme habillé en Hercules.

Ladite crosse ou baston pastoral estoit accom
pagnée et suivie par nostre bon pere abbé, avec
le college des resveurs en decimes cardinaux, et
alloient en l'ordre qui ensuit :

Premierement les cardinaux de Malesaises et
Maurepas marchoyent ensemble.

Les suivans, deux à deux, estoyent les cardinaux de la Maurisse, de Maubogne, de Sans
Croix et de Maucomble; le grand, gros, court,
gresle et magnifique cardinal du Poly Jubilé et
doyen du college des cardinaux, marchoit à costé
de nostre magnifique et tresillustre abbé, souverain maistre et sieur de Conardie.

Ledit sieur abbé et son college estoyent vestus de robbes de damas rouge, affullez de cha-
peaux gris, blancs, de roquets verts. Leurs robbes avoyent queuës de taffetas vert de la longueur de cinq pieds et demy, portez par jeunes
enfans; leurs mulets ou courciers enharnachez
de taffetas vert cramoisi, avecques houppe de
soye perlée. Les chappeaux gris representoyent
ausdits cardinaux leur antiquité et caducque vieil-
lesse, leur queuë verte representoit encore la
puissance de leurs reins, de sorte qu'ils vouloyent estre comparez à un poreau; les porte-
queuës estoyent au college reputez comme les
sussepets et humevesnes.

Le grandissime, magnifiquissime et potentis-
sime sieur abbé, accoustré en son haut appareil,
qu'il representoit aussi tost un empereur ou
souldam de Babilone ou roy des Perses, avec
son grand mittre et theatre, qu'un abbé tel qu'il
est ou autre glorieux prince, ou monarche, estoit
monté sur sa mule grise autant richement en-

harnachée que vous en vistes onc, vestu comme
ses cardinaux, reservé qu'au lieu de chapeau il
avoit en sa teste un mittre tant richement et
naïsvement diapré, et phaleré de toute sorte et
espece de pierrerie, qu'impossible est les sçavoir
toutes descrire, pour la diversité de leurs epy-
thetes et nominations. Outre cela avoit les doigts,
indices, poulces et auriculaires, si fournis de
bons et gros diamans, rubis et autres pierreries,
que, par tous les lapidaires qui les ont vuës,
sont estimez en pierrerie les paragons. Quant
aux mollettes, mors et boucles de l'enharnache-
ment de sa mulle, tout y estoit d'or fin à xxiiij
karats. Au reste, pour sa contenance, maintien
ou gravité, elle estoit si poupine qu'à le voir
ainsi monté, plusieurs Bretons, Manseaux ou
Angevins, jurerent que s'estoit chose vraye qu'il
avoit cru ainsi à cheval, au moins que sa mere
l'avoit ainsi enfanté.

Chacun cardinal avoit pour son estat douze
fallots. Le sieur abbé en avoit vingt six; aussi
estoyent devant eux quinze tabours, cinq
phiffres et neuf trompettes. A costé et devant
ledit abbé, estoyent douze laquets abillez de ses
couleurs et devise, legers du pied comme escrevisses, dont les quatre portoyent un voille de
soye de Canarie dessus.

Aprés ledit college, marchoit le chancelier avec

la suitte des officiers de la chancellerie, et estoit
accoustré fort richement, ayant en sa teste un
bonnet doctoral, moitié veloux riche et moitié
toille d'or bien doré. Et combien qu'il fut autant magnifiquement accoustré que chancelier
que l'on vist jamais, si est-ce que par le commun de Conardie, auquel il estoit peu aggreable
pour sa grande negligence et ponardise, il n'a-
voit point d'autre nom que *le Chancelier mal
advenant*. Et, à la verité, il est assez malotru,
car il se nate tant mal à cheval que se sont merveilles, pourquoy je n'en voudrois escrire autre
chose. Car, quant tout est dit, on ne sçait plus
que dire ; l'on ne sçauroit faire d'un busart un
esprevier.

Suivoit pas à pas le train de la chancelerie,
le grand patriarche des verollez, avec sa suitte
en son habit patriarchal, et l'accompagnoyent
gentilshommes abillez à la grand gorre, mais
assez deffigurez, car les uns avoyent un œil enflé, les autres perdu, les autres mengé, et des
plus sauvages fronts que l'on vist onc ; les jouës
percées à cleres voix, les nez percez à jour, bras
portez à l'escharpe, des cols cordez, avec ce
qu'il n'y avoit pas beaucoup de jambes unies,
les unes menuës, les autres grosses, mais ce
n'estoit pas les meilleures. Au regard des
nez, jamais n'en vistes de tant de sortes ; ceux-

cy furent nommez entre les autres comme il ensuit :

Nez *tradas*, nez *memineris*, nez *quando*, nez *ra-
piat*, nez *gasté*, nez *obliviscéris*, nez *appropinquas*,
nez *reminisceris*, nez *projicias*, nez *derelinquas*,
nez *auferas*, nez *irascaris*, nez *despicias*, nez *pau-
cas*, nez *admireris*, nez *celemus*, nez *quitias*, nez
perdideris, nez *trucides*, nez *occideris*, nez *aver-
tas*, nez *tradideris*, nez *involueris*, nez *causeas*, et
tant d'autres sortes de subjets et tenans dudit patriarche : mais quoi ? abillez chacun de diverse
sorte. Et bref, cela monstroit le plus grand et
horrifique spectacle qu'il estoit possible de voir
de deux yeux.

Aprés, marchoyent en bon ordre seize hommes
vestus d'habits justes tout d'une venuë, depuis
la teste jusques aux pieds couleur d'enfumé,
n'ayans que des pertuis aux yeux et bouche pour
avoir la veuë et alaine, aux chevaux caparençon-
nez de mesme pareure, ayant devant eux quarante falots et une lanterne, force tabours et
phiffres. Leur porte enseigne à cheval, accoustré
avec lesdits tabours et phiffres de pareil accous-
trement, en laquelle enseigne estoit figuré des
deux costez, deux personnages en leur semblance
tenant un grand escompartiment, dedans lequel
estoit escrit: *Les umbres de Conardie ;* et au dessoubs avoit escrit: *Sapiens habet oculos in fronte,*

stultus, veluti cecus, palpitat in tenebris; et donnoyent les huictains ensuivans au peuple par la
ville.

L'UMBRE DE JE NE SÇAY QUI.

*Je voy pour le present regner
Force, faveur et flatterie ;
L'un sur petits veut dominer,
L'autre en amis son fait charie.
Le flatteur en court s'apparie,
Sous umbre de nisi quia;
Mais, considerans l'affaire,
Je ne sçay qui passe, qui a.*

L'UMBRE D'AUTHORITÉ.

*Authorité maux non legers,
Sous l'umbre d'estres tresperis,
Veut que souffres et grans d'angers
Troublent souvent vos esprits.
Plusieurs par ce point sont peris,
Ayans, du credit, le royaume ;
S'estimans exemps des perils,
Mais Fortune en jouë à la paume.*

UMBRE DU TEMPS.

*Je voy l'Eglise desguiser
Soubs umbre de custodino;
O devant N diviser
Fait en Noblesse : on blesse, a quo.
Soubs umbre de ce verbe Do
Dorment Justice et Verité.*

On fait de Foy Fy, ostant O,
Et I se pert en Charité.

UMBRE DE FOLIE.

Soubs umbre de faire le fol,
On entre aussi tost aux maisons;
Qù'un aussi sage que saint Pol,
Avec sa prudence et raisons.
Fols trop plus estourdis qu'oisons,
Et Conards sont permis tout dire,
Tant en ces jours qu'en Rouvaisons,
Sans encourir du prince l'ire.

UMBRE DES VIEILS PERES.

J'ay veu en nos Champs Helisées,
De vous nos Conards et supposts,
Les fantasies et risées
Diverses en faits et propos;
J'ay veu que soubs l'ombre des pots
On devisoit mainte sornette
Plus estimée de nos sots
Que d'un advocat la cornette.

UMBRE D'IPOCRISIE.

Soubs umbre de religion
Regnent, ce jour, papelardise
Et scysme, en mainte region,
Contre Dieu, la Foy et l'Eglise.
Loups ravissans d'estrange guise,
Soubs l'habit de simplicité,
Font que l'escrit saint on desguise
A l'umbre de grand sainteté.

UMBRE DE MARCHANDISE.

Force m'est que des heureux chants
L'umbre de moy cy ne defaille ;
Marchandise fait piteux chants
Pourtant que trop on la detaille.
On la bat d'estoc et de taille,
Soubs umbre de je ne sçay qui ;
Plus que rural elle a de taille
Dont on ne sçait plus vendre à qui.

UMBRE DE BONNE FOY.

Soubs umbre de la bonne foy
Que l'on voit apparoir à l'homme,
Je vois frauder Dieu, pape et roy,
L'Eglise et ses gens qu'on assomme ;
Et pour credit de grande somme
Je voy par tout banqueroutiers,
Ainsi, faute de foy, en somme,
Fait qu'on ne preste volontiers.

UMBRE D'ARGENT.

Soubs umbre d'argent, maint novice
Est devenu maistre et monsieur ;
Je voy benefice et office
Trocher et vendre bled en fleur ;
Faveur aime trop sa couleur,
Et mainte on chevauche sans elle ;
D'argent on a joye et douleur,
Et soubs sa couleur on chancelle.

UMBRE DE BIEN.

Soubs umbre de pelerinage,

On va voir le clerc saint Fessin.
Pour mieux jouÿr du personnage,
Compere on fait monsieur Tassin.
Il n'y a croix, chappe ou coissin
Que l'on ne vende au plus offrant,
Et le peuple est comme un poussin,
Soubs umbre de bien mal souffrant.

UMBRE D'AMBITION.

Soubs umbre d'une belle robbe,
L'on void commettre tant de vices,
Que pauvre on tuë et riche on robbe
Par subtils arts et malefices.
On void tant de neuves offices
Qui sont du peuple la ruine :
Dont je dy que tels benefices
Donner ou vendre est chose indigne.

UMBRE DE BIEN PUBLIC.

L'umbre de parens et d'amis
Rend serve nostre republique.
Les conservateurs y commis
Si gouvernent par voye oblique.
De dueil j'en ay eu la colique
Si pusillanimes gens y voir.
J'ay leu d'un bon Romain rustique
Qui en eust mieux fait son debvoir.

UMBRE INSENSÉ.

Au temps où naquist Jesuchrist,
Herodes, roy hors de bon sens,
Fist tuer, comme il est escrit,

Petits enfans et innocens.
Ce tirant faillist entre cents
A son vueil, dont fust prevenu;
Mais, veu l'umbre des faits recents,
Ne sçay si ce temps est venu.

UMBRE DE DROIT.

Je voy pour le jourd'huy grand nombre
D'hommes seoir au lieu d'equité,
Ne representans rien fors umbre
De rigueur et iniquité.
Clemence le lieu a quitté,
Umbre de bien faire y domine.
Par ma mort j'en suis acquité
Et exempt de telle ruïne.

UMBRE DE VENUS.

Entre les umbres de ce monde,
J'ay veu soubs umbre des courtines
Le plaisir qui de chair redonde
A l'umbre des gentes tetines.
J'ay veu soubs umbre de matines
Et de la messe de minuict
Laisser chasubles et platines,
Pour avoir l'amoureux deduit.

ECCLESIASTES, cap. 5.

UMBRE DE QUI VOUS VOUDREZ.

Là où bien de fortune abonde,
Souvent l'on y voit pour manger
Abondance de petit monde

Pour le dissiper et ronger ;
Car, tout ainsi qu'à l'arranger
Le pere avoit prins soing et cure,
Ainsi prend l'enfant d'eschanger
Son bien à rien : c'est sa nature.

Suivoyent en grande magnificence de pompe et triomphe, sept chariots faits par bon art d'architecture en forme de theatres d'antique, conduits subtillement par certains instrumens estans dedans lesdits chariots, qui n'estoyent veuz pour les enrichissemens et syrages d'iceux. Y avoit corniches fort bien enrichis, avec leurs frises et arquitraves de grand art, et au bas une solebasse ou mouleure fort riche, suivant la corniche haute. Entre lesdits deux corps de mouleure y avoit croutestes et autres inventions d'escompartimens bien paints et de grand œil. Et dessus lesdits chariots estoyent les amenagemens servans à la matiere, et chaires pour asseoir les personnages, faites en maniere d'enroullemens d'escompartiment de grand invention. Aux costez y avoit quatre tables d'escompartimens, elegies hors des corps, non semblant tenir du corps desdits theatres, au dedans desquelles estoyent escrits les noms des personnes.

A la conduite desquels marchoyent au devant, huit hommes portant chacun un fallot flambant, que suivoyent quatre tabours et un phiffre, vestus

de robbes de frise couleur d'esglentine, en façon
de femme, ayans collets et devanteaux ou tabliers
de toille blanche, en leurs testes un chaperon
vert de gentille façon; ayans derrière le dos des
battoirs à laissive; aprés lesquels estoit le porte-
rebus ou enseigne, en semblable abit, monté sur
un pallefroy richement enharnaché, en laquelle
enseigne estoit figuré un grand escompartiment
où estoit escrit en lettre romaine comme s'ensuit :

LA BUÉE OU LAISSIVE DE L'ARBÉ.

Autre personnage, nommé *Affection mondaine*,
abillé bravement et de mesmes, marchoit aprés
sur une haquenée richement accoustrée; lequel
en passant dispersoit aux regardans un dizain, et
en certains lieux faisoit lecture d'iceluy, et d'une
ballade, ainsi que pourrez voir cy aprés par
ordre.

Au premier chariot, se monstroit un personnage abillé en religieuse, au plus prés du naturel,
laquelle cousoit et assembloit le linge. Aux deux
costez de laquelle dedans lesdits escompartimens
estoyent escrits ces mots : *Religion* assemble.

Sur le derriere du chariot estoit un autre
personnage representant l'Eglise, abillé d'une
longue robbe blanche sans cousture, avoit longs

cheveux. Son afful estoit un chapeau de laurier, doré de fin or, en semblance de vierge deco-rée d'une palme; devant elle, une cuve dedans laquelle elle eschangeoit du linge; et aux costez des escompartimens dudit chariot estoyent escrits ces mots: *L'Eglise* eschange.

Au second chariot, sur le devant, estoit le per-sonnage de Foy, vestuë d'une robbe blanche, un roquet par dessus, un couvre chef en sa teste, et par dessus un domino ou cappe de sargette, ainsi que religieuse. Et au derriere estoit le personnage de Verité, vestuë d'une robbe blanche et autres abillemens decents et confermes, et teurdoyent le linge jouxte que contenoit leur escrit, conte-nans ces mots: *Foy* et *Verité* teurdent.

Au devant du troisieme chariot, Ambition estoit assise sur un siege haut eslevé, qui asseoit le linge en une cuve estant devant elle. Son abit estoit de deux couleurs : de satin jaune paille et pers, ayant aesles artificielles sur les espaulles, et és costez de la teste estoit escrit : *Ambition* assiet.

Simonie occupoit le derriere du chariot, ves-tuë d'une robbe fort juste, couleur d'enfumé, accoustrée en chambriere ayant masque de vieille herese, et afful de mesmes, laquelle prenoit dedans deux grands panniers du linge et le bail-loit à Ambition, qui asseoit le linge comme des-

sus, ainsi que tenoyent ces mots : *Simonie* baille
le linge.

Au quatrieme chariot estoit un personnage
nommé Avarice, laquelle estoit vestuë d'une robbe
fourrée de peaux de dos de gris, à manches estroit-
tes, ceinte d'une ceinture large en laquelle pen-
doit une grand' bourse à boutons d'argent ; en sa
teste un couvre chef, et par dessus un grand
chapperon viollet ; dont elle allumoit le feu sur
lequel y avoit un trepié soustenant une chaudiere pour faire boüillir l'eau de ladite laissive,
ayant pour escrit : *Avarice* allume

Au milieu duquel chariot estoit Hipocrisie,
masquée de masque soubsriante, vestuë d'une
coste de satin cramoisi à manches decouppées,
bouffez de taffetas, enrichis et broudez de fil
d'or, à l'italienne fort brave ; et par dessus, la
couvroit une grande foaille de sarge perse, tenant unes grosses patenostres qu'ell' barbetoit,
et faignoit faisant souvent le signe de la croix.
Et de l'autre main puisoit avec un pot de chambre dedans ladite chaudiere, l'eauë boüillante
qu'elle versoit dedans une cuve plaine de linge,
et fournie de cheres cendres et autres ustencilles
à ce necessaires. Et ausdits escompartimens estoit
escrit : *Hipocrisie* verse.

Au cinquieme chariot se monstroyent deux
personnages, l'une nommée Faveur, ayans pour

abis, par dessus une cotte de taffetas changeant,
une robbe d'escarlate de frise grise, à manches
decouppez bouffans le taffetas incarnat violet, à
mode moresque renoué de ferons d'or, et bravement coiffée à la tudesque. L'autre, nommée
Richesse, vestuë par dessus d'une cotte de damas
cramoisi, d'une robbe de satin broché, son afful
enrichy de pierrerie, et au reste mignonnement
accoustrée. Au millieu d'elles avoyent un baquet
où elles lavoyent le linge. Leur escrit estoit :
Faveur et *Richesse* lavent.

Noblesse, au sixiéme chariot, triomphoit vestuë d'une cotte de velours rouge, et par dessus
ayant une robbe de damas noir doublé de velours,
un collet et chapperon de velours noir, le bras
dextre armé, l'espée au costé; laquelle avoit un
battoir à lessive qu'elle tenoit, battoit le linge
sur une selle; et estoit escrit : *Noblesse* bat.

A l'autre part dudit chariot, estoit le personnage de Pauvreté, abillée d'une vieille robbe
descirée; en sa teste un couvrechef de grosse
toille usée, s'appuiant sus une potence, ayant
soubs son devanteau salle à demy, une escuelle
de bois penduë en sa ceinture; laquelle prenoit
le linge que Noblesse avoit battu, et l'estendoit
sur des cordes; et estoit escrit : *Pauvreté* estend.

Au septiéme et dernier chariot, sur la part de
devant, estoit Folle Amour triomphamment ves-

7

'tuë d'une robbe de satin blanc doublé de damas cramoisi violet, à points de velours vert; mancherons de velours jaune paille decouppez, semez de perles et pierreries, renouez de boutons d'or de façon nouvelle; et par dessoubs une cotte de velours vert, un afful fort riche et de singuliere invention, ayant un collet de crespe ouvré de fil d'or de Cypre, autant brave et riche qu'il est possible de voir; laquelle séchoit du fin linge devant le feu; et estoit escrit ainsi qu'aux autres: *Folle Amour* seiche.

A l'autre part dudit chariot estoit un personnage representant dame Justice, non moins richement parée de robbe et cotte que Folle Amour, ayant un afful enrichi d'orfevrerie, une chaine d'or au col, une autre de quoy elle estoit ceinte. Un voile de fine toille de crespe, en forme de bande repliée sur la teste. A son costé senestre une balance, et du costé dextre une espée; devant elle une table sur laquelle plioit le linge que Folle Amour seiche; et estoit escrit aux escompartimens : *Justice* plie.

Et est à entendre que devant un chacun desdits chariots y avoit tabours et phiffres, avec bon nombre de fallots. Et estoit ceste bande autant bien en ordre et la mieux masquée et assouvie qu'il estoit possible de voir, et faisoyent chacun en son regard sy bien leur debvoir et office avec si grand œil et grâce, qu'ils contentoyent joyeusement les regardans.

Par ceste bande estoit donné le dizain, duquel en certains lieux estoit faite lecture avec une ballade, ainsi que devant est dit, dont la teneur ensuit :

> Pour subvenir aux affaires urgens
> De nostre abbé, sans matiere lassive,
> Et resjouir nos marquis et regens
> Luy avons fait ce jourd'huy la laissive.

DIZAIN.

> Religion assemble les drappeaux,
> L'Eglise eschange, et Foy et Verité
> Y teurdent fort ; Simonie en fardeaux
> Le linge baille, et dame Pauvreté
> Le linge estend ; puis, par Activité,
> Ambition assiet, et Avarice
> Le feu allume ; en tout plie Justice ;
> Faveur, Richesse y lavent par esbat ;
> Hipocrisie, a de verser, l'office ;
> Folle Amour seiche, et Noblesse aprés bat.

> Ballade où par ordre est escrit
> Ce qu'entend le dizain subscript.

> Religion assemble en un grand sac
> Force drappeaux soubs sainte Verité,
> Et pour emplir de bribes son bissac,
> Blasme Avarice et presche Charité.
> L'Eglise eschange, en grand authorité,

Linge sacré, et le portent par faits
Petits asnons et grands asnes parfaits.
Verité teurd, et Foy par chemins droits,
Tant qu'on les blasme en France et Normendie,
Et de tels gens se sert en maints endroits,
Le pere abbé et dame Conardie.

Ambition assiet dedans le bac,
Montée en haut par curiosité ;
Lors Simonie et d'abhoc et d'abhac
Le linge baille soubs grande falsité.
Puis Avarice, en champs, ville et cité,
Le feu allume avec soufflets infets ;
Hipocrisie en vaisseaux putrefaits
Verse et reverse, et tousjours fait la croix,
A celle fin que bonne on la die,
Pour demonstrer quell' sert du bout des doits
Le pere abbé et dame Conardie.

Richesse lave, et Faveur en un lac
Prenans plaisir en toute volupté,
Avec leurs chiens suivent la beste au trac,
Et tout leur train selon leur volonté.
Noblesse y bat en pompe et gravité,
Et Pauvreté, honteuse en dits et faits,
Tousjours estend, dont tels sont les effets
Que grief travail luy tout parolle et voix ;
Faute d'argent luy contraint qu'ell' mendie.
Voila comment se sert en maints endroits
Le pere abbé et dame Conardie.

ENVOY.

Conards aimants les amoureux tournois,
Folle Amour seiche ainsi que font les noix ;

Aprés, Justice au besoing souvent plie,
Et le tout serre en vieil coffre de bois
Le pere abbé et dame Conardie.

Aprés lesdits chariots, marchoyent quatre hommes accoustrez de differentes sortes, en semblance des quatre estats, ayant devant eux dix fallots, deux tabours et un phiffre, où ils conduisoyent un petit chariot carré, revestu de tapisserie de haute lisse, et au dessus couvert d'un ciel ou poile moult riche, soustenu par quatre piliers d'antique, au dedans duquel estoyent quatre personnages de grande estime et representation, l'un habillé en pape, l'autre en empereur, le troisiéme en roy et le quatriéme en fol. Lesquels jettoyent un Monde rond de l'un à l'autre, en mode du jeu du pot cassé, et portoyent derriere leur dos, chacun à part soy, differemment ces mots : Tien-cy, Baille-ça, Rit-t'en, Mocque-t'en, et margoüilloyent ce pauvre monde assez rudement, de sorte qu'il eust beaucoup à souffrir entre leurs mains.

Tost aprés, estoyent suivis par soixante ou quatre vingts personnes, accoustrez de differentes sortes d'abits, les uns de longue robbe de l'eglise et pratique, les autres en courte robbe, aucuns en abits de femmes comme sybilles et muses, et autres comme damoiselles, bourgeoises,

servantes et villageoises. Entre les autres y en
avoit aucunes abillez à la mode des Italiennes de
Vallongne, montez indifferemment sur beaux
chevaux et mullets, hacquenées et asnes, ayant
des escriteaux, devises et rebus, qu'il n'a esté de
recouvrer. Devant lesquels et en plusieurs endroits donnoyent grande clarté, ayans force fallots, lanternes et connines, dequoy l'on crie adieu
Noël aux brandons, et le jour que l'on crie le
roy boit, et force tabourins.

Suivoyent aprés eux, non fort loing desdites
bandes, douze fallots flambans; puis suivoyent
six cornemuses, trois cymballes et cinq tabourins. Et pour la conduicte de neuf hommes qui
estoyent abillez en hermites, de beau satin gris,
mieux masquez qu'il est possible de voir, ayans
des patenostres de bois fort grosses pendantes
à leurs ceintures. Chacun d'eux estoit monté
sur un asne, marchans l'un aprés l'autre. Suivoit
aprés, tout derriere, leur pere gardien, bien monté
sur un mullet autant bien enharnaché qu'il estoit possible, et n'ay jamais veu bande plus conarde ne mieux assouvie. En leur rebus estoit
escrit, comme voirrez cy aprés : *Hermites nouveaux venus d'estrange terre, au service de l'abbé.*

Chacun d'eux avoit derriere le dos, escrit en
parchemin, deux lignes en rithme, dont le premier portoit ce qui ensuit et les autres suivans :

PREMIER.

Hermite suis de grand renom,
Faisant bordeau de ma maison.

DEUXIÉME.

Hermite de rouge broudier
Qui rebrasse à maints le fessier.

TROISIÉME.

Hermite nouveau revestu,
Assez las d'avoir combattu.

QUATRIÉME.

Hermite suis frere frappart,
Qui maint connin broche sans lard.

CINQUIÉME.

Hermite suis de la Guignée,
Vray ramonneur de cheminée.

SIXIÉME.

Hermite suis de la farie,
Venu du païs de Furie.

SEPTIÉME.

Hermite nouveau refondu,
En verolle tout confondu.

HUITIÉME.

Je suis jeune hermite sauvage
Nouveau rendu à l'hermitage.

LE GARDIEN.

Gardien des freres hermites,
Qui, le nez, a mangé de mittes.

Et par luy estoit presenté un dizain escrit à la main, dont la teneur ensuit :

DIZAIN.

Pour mieux servir l'abbé et ses suppots,
Sommes rendus tous neuf nouveaux hermites ;
Si benefice on veut mettre en despots,
Et s'en l'Eglise on voit des hipocrites,
Qui contrefont des simples chatemites,
C'est d'où provient en toutes nations
Vice sur vice ; et pour conclusions,
Sans impetrer cures ou benefices,
Tous nos desirs et nos affections
N'est qu'à servir l'abbé et ses complices.

Aprés eux venoit une autre bande, conduite par vingt fallots flambans, quatre tabours et un phiffre fort bien en ordre, avec le porte-enseigne bien monté et accoustré, en laquelle enseigne estoit escrit d'un costé : *Et lux tenebris lucet, et eam non comprehenderunt.*

Et de l'autre costé estoit un personnage ayant les yeux bandez, regardant vers le ciel. Aux deux costez d'iceluy y avoit deux mains qui luy ostoyent ladite bande de devant les yeux ; et au

dessoubs estoit escrit : *Clarté rendant en tene-*
bres lumiere.

Aprés, suivoyent neuf personnages ayans longues robbes de damas blanc; sur leur espaule
un chapperon de satin violet, et bonnets ronds
d'icelle couleur, portant masques anciennes et
longues barbes chesnuës, montez sur mullets
houssez et enharnachez richement ; un chacun
d'eux ayant deux lignes de rithme, qui sont cy
dessoubs escrits :

PREMIER.

Mes yeux le droit n'ont voulu veoir,
Mais Dieu y a voulu pourvoir.

DEUXIÉME.

Comme à Saül m'est renduë la veuē
Par la grand clarté qu'ay receuē.

TROISIÉME.

J'estois muet, je parle bien :
Droit parler est souverain bien.

QUATRIÉME.

Sodomiens vicieux et infaits
Furent par feu en tenebres deffaits.

CINQUIÉME.

Pour avoir vescu en tenebres,
Nous en faisons pompes funebres.

SIXIÉME.

Nous avons prins mauvaise sente,
Mais nous recouvrons la decente.

SEPTIÉME.

Le jour dedans la nuict profonde
Est veu par la machine ronde.

HÚITIÉME.

J'ay les tenebres tant cerché
Que mon credit en est marqué.

NEUFIÉME.

J'ay laissé le droit sans raison,
Mais droit m'a pugny en saison.

Autre bande venoit aprés, au nombre de vingt
six hommes bien en ordre, vestus d'abits de satin
vert, de grand façon et richesse, ayant affuls
de testes bien faits. Sur chacun afful y avoit un
mast de navire avec la hune, leurs chevaux caparensonnez de leur pareure. Un chacun d'eux
avoit derriere le dos deux lignes de rhétorique
qu'il n'a été possible de recouvrer. Pour leur
conduite, marchoyent devant eux douze fallots
flambans, cinq tabours et un phiffre, avec leur
porte-enseigne accoustré avec les tabours et phif-

fres de leur pareure ; à laquelle enseigne estoit
escrit : *Les vers matez*.

Marchoyent aprés, avec grande hardiesse, neuf
personnages vestus de bons abits de trippe de
velours rouge bendez de satin blanc ; le collet
devant et derriere dudit satin de grand gayeté
dessus ledit collet ; et y avoit bendes esdits neuds
de broderie, faits de soye perlée noire ; un haut
afful de satin blanc bendé desdits neuds. Leurs
chevaux, bien bravement caparensonnez que
rien plus, masquez et montez à l'advantage, avec
bonne grace tant de contenance que d'abits, et
ayant devant eux force fallots flambans, tabours et phiffres accoustrez bravement, avec le
porte-enseigne monté et accoustré de semblable
pareure. En laquelle enseigne ou banniere estoyent figurez d'un costé force neuds, et de l'autre costé estoit escrit deux lignes en rithme,
comme il ensuit :

> *Bienheureux est au temps present,*
> *Qui, de ces neuds faits, est exempt.*

Et par eux estoit presenté par la ville, aux
gens qu'ils cognoissoyent estre de bon esprit,
deux dizains dont la teneur ensuit.

Ensuit les deux dizains de ladite bande des
neuds faits, et estoyent neuf personnes.

DIZAIN.

Vist-on jamais en tout le monde faire
Tant de neuds faits qu'au temps present sont faits;
A l'un bien faire, à l'autre tout deffaire;
L'un descharger, à l'autre bailler faits;
De l'un et l'autre examiner les faits?
Pour bien cercher s'il y a que reprendre,
Voilà, messieurs, les neuds faits pour bien prendre
Que vous voyez estre en ce temps present :
Dont je conclus, sans plus outre entreprendre,
Bien-heureux est qui en peut estre exempt.

AUTRE DIZAIN.

Voyez, messieurs, si sçauriez desnoüer
Du temps present les neuds faits et à faire.
Non, car le fort si fort les fait noüer,
Qu'impossible est qu'on les puisse deffaire,
Et, qui pis est, tousjours c'est à refaire.
Pourquoy cela? En leur convention
Y a tousjours nouvelle invention,
A celle fin que l'on tire et attrape.
Helas! helas! c'est leur intention :
Pour un tirer, estraindre trop la grappe.

Et tost aprés, venoyent en diverses bandes le
nombre de six à sept vingts personnes à cheval,
tous différens d'abits faits en nouvelle façon,
la plus grand partie de drap de soye en brode-

rie, bien emplumacez tant hommes que chevaux. Et y avoit aux parties de devant, du millieu et de derriere, le nombre de quarante fallots flambans, avec force tabours, phiffres, cornemuses, cymballes, hautbois. Et tant y avoit d'exquises devises, rebus et singulieres inventions d'abits et accoustremens, qu'il n'est possible totallement les descrire, et encores moins les exposer ou entendre considerer leurs mines et comme ils se contenoyent; car les uns se natoyent trop mieux que les autres.

Aprés, marchoyent douze hommes vestus en dueil, et chapperons en la teste en babelou. Par dessoubs leurs abits chacun un soye de satin blanc, découppé bouffant de taffetas vert renoüé de boutons d'or, la plume blanche attachée sur l'aureille audit chapperon. Leurs chevaux vestus d'attrapeures de drap noir en forme de dueil; lesdites attrapeures et abits semez de testes de mort. Leur porte-enseigne avec leur conducteur montés et accoustrés de leur pareure, en laquelle enseigne ou banniere estoyent figurez d'un costé cinq enfans, lesquels jouoyent aux noix, et y avoit escrit: *Pere en fosse.*

De l'autre costé y avoit deux personnages abillez en dueil qui mettoyent leur pere en terre, et un autre qui les regardoit en pitié. Un chacun d'eux avec leur conducteur avoit deux lignes de rithme en un petit tableau attaché à l'une de leurs manches, dont le premier portoit ce qui ensuit, et les autres comme ensuivant :

PREMIER.

Aprés des peres le decez,
Nous mondanisons par excez.

DEUXIÉME.

Moy qui suis nouveau heritier,
De pere en fosse avois mestier.

TROISIÉME.

Puis que nous avons pere en fosse,
Affillons des perles d'Escosse.

QUATRIÉME.

Pere en fosse m'est bien venu,
Car je suis riche devenu.

CINQUIÉME.

Pour bien joüer aux noix de sorte,
Le pere en fosse tout emporte.

SIXIÉME.

J'ay pere en fosse et gaigné tout,
Mais bien en trouveray le bout.

SEPTIÉME.

Du pere en fosse j'ay du bien,
Mais en bref je n'auray plus rien.

HUITIÉME.

Des biens mon pere fait excez
En banquets, jeuz, et procez.

NEUFIÉME.

Aprés les jours de mon pere et trespas,
J'ay force biens dont feray maints repas.

DIXIÉME.

De mon pere ay succession
Dont auray pourpoint et seïon.

UNZIÉME.

Du bien, mon pere decedé,
J'en mettray au hazard du dé.

DOUZIÉME.

D'amasser biens mon pere a eu grand soing ;
Pour les garder sçavoir me fust besoing.

LE CONDUCTEUR NOMMÉ MAUDUIT.

Pour me suivir (laissez bien faire)
De vos biens vous feray deffaire.

LE PORTE-ENSEIGNE.

Le pere en fosse a remplumé
Le fils de longtemps desplumé.

Ceste compagnie passée, marchoyent en bon

ordre trente hommes à cheval, accoustrez de
robbes de satin blanc à pourfillures de fin or,
les affuls de figure de teste de lyon; à l'environ
force flammes de feu, faits de satin cramoisi enrichis de broderie, tenans en leurs mains un
monde renversé. Leurs chevaux, caparensonnez
dudit satin, et pourfillures avec houppes de fil
d'or et de soye. Devant eux vingt six falots flambans, six tabours et un phiffre, avec le porte
enseigne à cheval, accoustrez de leur pareure,
en laquelle estoit escrit : *Les estonnez du monde.*

Un cheval d'eux avoit deux lignes de rithme
escrit derriere le dos, qui ne se sont peu recouvrer, et des aucuns venus à cognoissance, sont
cy aprés escrits comme ensuit :

PREMIER.

Si je porte feu aux aureilles,
C'est pour raison des grands merveilles.

DEUXIÉME.

Non sans cause je m'esbahis,
Voyant ruïner ce païs.

TROISIÉME.

Le feu mon chef tout environne...
Ce poinct m'esbahit et m'estonne.

QUATRIÉME.

Ma main tient monde renversé
Pour mal qui y a conversé.

CINQUIÉME.

Je m'esbahis et ne dis mot
De voir Rouen ainsi remord.

SIXIÉME.

Estonné de voir la saison,
Je pers le sens, aussi raison.

SEPTIÉME.

Esperdu suis de voir la contenance
De mainte femme au marcher et en dance.

HUITIÉME.

Esmerveillé vis en soucy
Et estonné de voir cecy.

NEUFIÉME.

Tout estonné suis par la teste.
Plus m'esbahis et plus suis beste.

DIXIÉME.

M'esmerveillant propos se sourt
Des estonnez de nostre court.

UNZIÉME.

Estonné de voir les mutins,
Je plains les os des Maillotins.

DOUZIÉME.

En speculant, des jans je vois
Qu'on maine paistre par les doigts.

TREIZIÉME.

Dessoubs mon feu je me soubsris
Du sot jugement de Pâris.

QUATORZIÉME.

La façon des habits m'estonne
Qu'on porte en hyver et automne.

QUINZIÉME.

Estonné d'ouïr les propos,
Je me trouve trop dispos.

SAIZIÉME.

Esmerveillé des interdits,
Je crains à proferer maints dits.

DIXSEPTIÉME.

Je m'esbahis du temps qui court,
Voyant pauvreté qui accourt.

DIXHUITIÉME.

Je m'esbahis de la grandeur
Du pere abbé et sa grosseur.

DIXNEUFIÉME.

Je m'estonne, veu le bon guet,
Qui a peu desrober Duguet.

VINGTIÉME.

Estonné de nos coquibus,
Je les remets au cas d'abus.

Plus, par eux, estoit baillé durant ledit tour,
quatre dizains imprimés dont la teneur ensuit :

Si, des bigots, cesse la caphardise,
Et des senats la justice sans fi ;
Si loyauté et foy sont marchandise,
Le temps viendra qu'on vivra sans soucy.
Pour le present ne le trouvons ainsi :
Pour Dieu barat benefices trocquez,
Gens de justice sont de vices marquez,
Ne reste plus que noblesse qui blesse
Pauvre commun. Or, ce cogneu, jocquez
Les trois en un : c'est nihil. Qu'el fin est-ce ?

Tel ne sçait rien qui est fort exalté,
Tel sçait, du bien, lequel bien peu on prise ;
Tel a si haut depuis deux ans monté
Qui tombera de plus haut qu'une eglise ;
Tel a souvent du vent de la chemise,
Qu'il n'entend pas sa gaine bien comprendre.
Or, devinez, si mes dits voulez prendre,
Qu'il adviendra des choses nompareilles.
Je le diray, on ne m'en peut reprendre,
C'est que l'on void ce jour l'an des merveilles.

Les faits nouveaux et actes de folie,
Font esbahir les grans et les petits ;

Les faits des fols ce jour chacun follie.
Vous le voye͟z par rebus inventifs,
Des malversans tels faits sont destructifs.
Il est requis les fautes corriger,
Faire rouger et le monde songer,
Sans rien nommer, mais le monstrer par signes.
Heureux est cil' qui ne craint ce danger,
Encore plus, qui fait œuvres condignes!

Nous, estonne͟z, esbahis, esperdus,
Portons le feu autour de nos aureilles.
Feu de lyon, en courages ardus,
Vous fait sçavoir qu'il est l'an des merveilles.
Actes voyons dont n'en fust de pareilles
Depuis le temps de nostre inception.
Taisons cela, n'en faisons mention;
Le jour viendra que vivrons en repos.
Quant est à nous, c'est nostre intention
Vivre de hait et bien vuider les pots.

Aprés, marchoyent plusieurs compagnies, au nombre de deux cens hommes à cheval ou au dessoubs, accoustrés de differents abits, chacun ayant sa devise, avec grand nombre de falots, tabours, cymballes, cornemuses, cornets, hautsbois et bedons; chose plaisante à voir, encore plus à ouyr.

Aprés, marchoit en grand' grace la bande des prophetes, vestus de longs abis de vergay, couvert de quentille de fin or, à manches de satin cramoisi, decouppez, renoüez de ferets d'or,

bouffans de taffetas incarnat et enrichis de brou-
derie; leurs affuls de grand invention en mode
de prophetes; leurs chevaux ayant caparensons
à grosses houppes de fil d'or. Devant eux, vingt-
quatre falots flambans, tabours et phiffres, pour
la conduite desquels marchoit Moyse monté et
accoustré en semblable abit, portant une enseigne en laquelle estoit escrit d'un costé ces
mots : *Visions;* et de l'autre costé estoit figuré
un grand pot d'airan. Et derriere son dos estoit
escrit le quatrain cy aprés declaré.

Aprés cestuy marchoit Saül, en semblable abit
non ayant de quatrain, lequel avoit escrit derriere son dos devise : *Saül entre prophetes;* et
en certains lieux par la ville, lisoit la presente
ballade, dont la teneur en suit cy aprés. Un chacun d'eux avoit son nom attaché à la manche, et
quatre lignes de rhetorique derriere leur dos.
Et par eux estoit donné aux honnestes sieurs et
dames les huictains imprimez dont la teneur
ensuit cy aprés :

MOYSE, porte enseigne.

Je suis celuy qui porte le guidon
De prophetie, et annonce la loy.
J'ay ordonné juges de bon renom,
Mais maintenant un chacun rompt sa foy.

ABACUCH.

O peuple, croist que la gloire de Dieu
Couvrira tout, et le ciel et la terre,
Place n'aura injustice, ne lieu,
Paix regnera où tu pense avoir guerre.

HELIE.

Par Jesabel et par ses faux prophetes
Dechassé fus du païs et du roy.
En cas pareil, par œuvres manifestes,
On voit regner flateurs en desarroy.

ZACHARIE.

J'ay veu en l'air un livre clos
Où est escrit que tout larron,
Combien qu'il soit en bruit et los,
Aura, de son infait, guerdon.

MICHÉE.

J'ay adverty les princes de Judée
Qu'ils ayent esgard aux judications
Que juges font en collere effrenée,
Dont il s'ensuit depopulations.

DANIEL.

Balthazar, roy des Babiloniens,
En prophanant les saints vaisseaux du temple,
Fut mis à mort du roy des Persiens :
Cela nous doit servir de bonne exemple.

JEREMIE.

Comme ce fait qu'une cité,

Habondante en peuple et richesse,
Soit quasi en mendicité.
C'est assez pour avoir tristesse.

ESAYE.

Il viendra un temps que l'Eglise
Aura à souffrir grands tourments :
Mais Dieu qui, les choses divise,
Changera tost les mandemens.

ELISÉE,

Je refusay de Naaman maint don
Que Jezay receüt par avarice,
Dont fust meseau : c'est le juste guerdon
De ceux qui font au lieu de vertu vice.

DAVID.

Que vaut à l'homme avoir riches thresors
Et se tuer pour accumuller biens?
Si les a huy, demain il en est hors,
Il est donc fol s'il les tient comme siens.

Les huictains donnez par lesdits prophetes :

JEREMIE.

J'ay ploré de voir en esprit
Sus Hierusalem grand malheur.
Qui estoit, comme il est escrit,
Plaine de tout bien et bonheur :
En cas pareil ay grand douleur
De Rouen veoir faire un village :

Ceux par qui c'est, n'ont pas honneur
De veoir commettre tel outrage.

ESAYE.

Je voy le temps estre venu
Que j'ay predit sur sainte Eglise :
Car on voit le cas estre cogneu
Que les grans en font à leur guise.
L'un la robbe, autre la desguise,
Et par ce tout va à l'envers.
Je ne sçay qui ces cas divise,
Mais d'eux on dira piteux vers.

DANIEL.

Balthasar, roy des Babiloniens,
Un jour tenant court ouverte et planiere,
Pour resjouyr ses gens par tous moyens,
Se fist servir par mauvaise maniere :
Des saints vaisseaux que Salomon fist faire
Pour servir Dieu, dont receut le loyer
De mort subite en douleur et misere :
Cela nous peut beaucoup signifier.

DAVID, Psal. 38.

L'homme mortel qui n'a Dieu devant soy
Ne pense fors que par biens s'avancer ;
L'Eglise il pille et n'est armé de foy,
Or et argent veut par force amasser,
Sans regarder qu'il convient trespasser,
En delaissant ses thresors et ses biens
A ceux lesquels le veullent oppresser ;
L'homme est donc fol de se fier à riens.

MICHÉE. 3.

J'ay crié haut aux princes de Judée,
Qu'ils voyent comment se gouverne justice ;
Si la province est de force gardée,
Et s'ils font point par collere injustice,
S'ils prennent dons, par trop grand avarice,
Pour s'enrichir ou extoller leur nom.
Tels juges faux, Dieu veut qu'on les punisse,
Il se fait bon garder de tel renom.

ZACHARIE. 5.

L'ange de Dieu, me monstrant le mystere
D'un livre clos parmy l'air voltillant,
Me dit : Prophete, entends, c'est chose claire,
En ce que vois est escrit au mitan :
Que tout humain le nom de Dieu jurant
Et plus prenant qu'il ne luy appartient,
Combien qu'il soit en grand honneur montant,
Pugny sera, cela souvent advient.

BALLADES DESDITS PROPHETES, QUE SAUL LISOIT AUX CAREFOURS DE LA VILLE.

Cornus Conards qui portez cornus corps,
Si vous voulez entendre ma devise,
Venez ouyr des prophetes les cors
Cornants le temps qu'à present on divise.
Ils ont corné qu'orgueil et convoitise
Sont maintenus par gens de tous estats,
Ils ont corné qu'à monceaux et à tas
Du peuple on tire argent par avarice.
Ils ont corné des choses nompareilles

Qu'il adviendra pour corriger malice
Le tems de pleur et l'an des grands merveilles.

Si en c'est an on vous fait griefs effors,
Retirez vous en vostre mere Eglise,
Suivez Moïse et ses estandars fors,
Qui par escrit la sainte loy a mise,
N'adjoustez foy à cil que par faintise,
La veut troubler par fas ou par neffas.
D'ambitieux contemplez bien le cas,
Si c'est à droit qu'ils exercent justice,
Par tromperie ou par choses pareilles.
Cela pour vray cause par injustice,
Le tems de pleur et l'an des grands merveilles.

Par jugement ou par trop faux rapports,
Maints sont chassez en trop diverse guise,
Les autres sont rendus à demy morts;
Par cas nouveaux que sur eux on advise.
Qui fait cela? Le temps; mais quand j'y vise,
Fammes ne voy mettre leur estat bas :
Cela leur sert pour avoir leurs esbats,
Ou pour plaisir, ou pour quelque autre indice
Qui pourroit bien tourner à prejudice.
Dont toy, pecheur, aux sages te conseilles,
Amende-toy, affin que l'on bannisse
Le temps de pleur et l'an des grands merveilles.

ENVOY.

S'en son païs prophete on ne tient pas
Qui ne dit mot que de Dieu par compas,
Et s'un menteur moins clerc qu'une nourrisse

Est escouté et creü par sa blandisse ,
Voilà de quoy, homme, tu t'esmerveilles :
C'est dont te vient, par faute de pollice,
Le temps de pleur et l'an des grands merveilles.

Toutes lesdites compagnies ainsi ordonnées
arriverent devant le chateau, soubs l'un des
ponts de la maison de pierre, prison du bailliage
où estoit escrit en un tableau d'antique le hui-
tain qui ensuit :

HUITAIN.

Gentils Conards tous remplis de noblesse,
Dessoubs ces ponts passez asseurément ;
Ne craignez point qu'on vous face rudesse,
Les huis sont clos, de peur du mauvais vent.
Si vostre abbé, aussi tout le convent,
Passent poing clos et l'espée au fourreau,
Marchez tout beau, chevauchez doucement,
N^e doubtez rien que le mauvais carreau.

Tant cheminerent qu'ils arriverent au pont de
Robec, auquel lieu avoit un echaffaut dedans lequel estoyent joüeurs d'instruments, sonnans
mélodieusement pour l'arrivée du sieur abbé, et
de sa compagnie. L'un des courriers et hérauts
duquel nommé Sablon mouvant, contre son naturel instinct, ne donna que deux coups de baston sus deux pages, passans au travers des bandes

pour aller abbrever leurs chevaux, dont l'on cria
miracle.

Plusieurs desdites bandes avoyent des petits
sachets de dragée, qu'ils donnoyent aux dames
qui estoyent aux boutiques et fenestres, avec autres rondeaux et dizains joyeux, en particulier
sans scandalle, qui n'a esté possible de recouvrer. Et n'ay veu ce jour avoir tant souffert de
peine comme les chevaux, entendu que de toutes
les bandes il y en avoit tousjours de bondissans
en l'air, selon les lieux et endroits, les uns plus
que les autres.

Le jour de ladite monstre ainsi fait, se retire-
rent les bandes et compagnies en divers lieux,
tenans maisons ouvertes, ayans falots flambans
aux fenestres. Et aprés soupper se delibererent
aller en masque voir l'un l'autre et autres compagnies aux maisons bourgeoises, esquelles avoit
grand nombre de dames et damoyselles, lesquelles furent resjouyes de voir lesdites compagnies tant joyeuses, les unes joüans le mommon,
les autres des verges, bracelets, et autres bagues
et fantasies nouvelles. Les autres dansoyent,
dont de tout lesdites dames et damoyselles estoyent fort contentes. Et le lendemain lundi et
mardi, plusieurs desdites bandes, et autres, chan-
gerent d'abits pour porter masque, si n'est memoire d'avoir veu masques et mommons plus

braves et en plus grand nombre, dont les uns se
trouvèrent joyeux, les autres marris, comme il
advient d'une bataille. Toutesfois aux amans, lesquels avoient contenté l'œil, ne leur estoit rien
la perte ou gaigne, entendu que ce n'estoit la
cause qui les y menoit.

Le lendemain, lundi gras, aprés soupper, l'abbé
tenant maison ouverte, le conseil assemblé, fut
deliberé le lendemain faire le disner, non en la
manière accoustumée, mais en plus grand triomphe et singularité. Et fut conclud le faire à la
halle aux draps de nouveau bastie, la plus belle
et espacieuse qui soit en France. Aussi fut esleü
pour le palais de l'abbé, et fut fait et imprimé
une semonce, laquelle fut leuë le mardi matin
et affichée aux lieux accoustumez, dont la teneur
ensuit, pour laquelle publication mirent sus
cinquante hommes bien accoustrez, masquez et
montez, avec l'huissier et sergent, lequel faisoit
la lecture.

DE PAR L'ABBÉ.

Guillaume, abbé centiéme de ce nom,
Des Conards, prince et prelat pacifique,
A tous nos sots, ou qui en ont le nom,
Et gouverneurs de nostre republique,
Salut à vous. Or, comme il soit ainsi que
Le gras conseil de par nous assemblé
Pour réformer comme il nous a semblé,
Tous cas conards, et que, tout bien pensé,

N'avons permis qu'aucun fut dispensé.
Pour cas conards, cogneu l'ingratitude
Qu'ils ont envers nostre mansuetude,
Pourquoy, supposts, promptement vous tournez
Aux sots Conards, et qu'ils soyent adjournez
A comparoir demain sur le midi,
Nostre haut jour du gros et gras mardi,
Pour ouyr lire au long les Conards faits
De nos niais de vertu tous deffaits.
Sommez-les tous venir ce mardi gras
Avecques nous à la grant halle aux draps;
Qu'ils viennent tous, c'est prés la vieille tour,
Afin d'ouïr reciter maint sot tour.
Là nous tiendrons ouverte et nompareille
Maison à tous, où vous orrez merveille.
Venez, Conards, en ceste neuve halle,
Et ne craignez de chaut ou froid le hasle;
Vous y verrez novices et convent
Logez au large, hors la pluye et le vent,
Pour recevoir des gens un million,
Plus que n'avons de coustume au Lyon.
Fait au conseil, à l'ombre de nos pots,
Signé de nous et de nos bons supposts.

Furent affichez en grosse lettre plusieurs escriteaux audit lieu, contenant ces mots :

PALLAIS POUR L'ABBÉ.

Le lendemain, mardi gras, le disner preparé
audit lieu, à dix heures du matin, se mirent sus
une compagnie masquez, portans la crosse parmi
la ville, ayans falots et tabours pour sonner et

semondre ledit disner, ainsi qu'il est accoustumé. Incontinent se trouverent des tables pleines de nombre de gens inestimable, sans autres qui ne sceurent avoir place, lesquels furent contraints eux retourner.

L'ordre du disner estoit telle : il y avoit six tables tout d'une longueur, et là estoyent assis tout d'un costé, en forme de convent, ayant le regard l'un vers l'autre. Au milieu y avoit un eschaffaut pour jouer les farces, comedies et morisques, fait de sorte qu'on pouvoit passer par dessoubs pour le service dudit disner ; et dessus y avoit un personnage abillé en hermite, assis sus une chaire, lequel, en lieu de Bible, lisoit continuellement, durant ledit disner, la Cronique Pantagruel.

Au bout de ladite salle y avoit un theatre haut eslevé, richement tapissé, sur lequel estoit le sieur abbé au millieu ; et aux deux costez, le chancellier, patriarche, et cardinaux, vestus de leurs abits pontificaux, son huissier tenant sa verge en un bout, et le sergent à l'autre pareillement tenant sa masse, en bon ordre et gravité. Aux deux bouts, les trompettes et haubois ; et en bas estoyent les phiffres et tabours. A l'un des costez, Espinette organisée jouant avec chantres de musique. De vous escrire la diversité des viandes, mets, entremets, ce seroit temps perdu, car c'est chose ordinaire; pourquoy viendrons à la fin du disner, auquel furent faits plusieurs farces et comedies, dances et morisques, en grand nombre, avec bonnes moralitez et de bonne audace.

Après lesquels fut leü le cas des deffaillans, redigez en rethoricque de grande joyeuseté. Et, tout leü, l'abbé se retira au conseil du costé ou estoit assis le chancelier, et aprés au patriarche et cardinaux estans de l'autre costé, lesquels il trouva en grant controversie pour difficulté des cas; en sorte que le conseil assembla plusieurs fois pour demourer d'accord à qui seroit adjugée la garde et maistrise de la digne crosse. Et par la plus saine et grande partie des assistans fut adjugée à un practicien (*de Cœli pallatio*), pour avoir joué sa femme, à Bayeux, aux dez, etc.

Un autre pauvre Conard, morfondu et engelé, eust le debattu (*una voce dicentes*). Parquoy furent lesdits joyaux portez, aprés que par la bouche ouverte, gueulle, bec du sieur abbé, l'arrest eust esté prononcé, aux maisons et domiciles des dessusdits declarez et approuvez sots et glorieux Conards, avec force falots et tabourins.

AUGMENTATION DES RISÉES

Nouvellement faites en la maison abbatialle,
soubs le resveur en decime A B Fagot.

PREMIEREMENT.

En l'an mil cinq cens quatre vingts et cinq,
fut presentée une requeste au pere abbé, par le
venerable Benest, garde du scel de la domaine
establie à Rouen, par le delay testamentaire du
sage et indiscret personnage, feu Tallebot, dit
Ouïnet. Remonstrant que si l'abbé et son conseil ne lui aidoyent de mandemens aux fins de
sa requeste, il estoit en voye de perdre son
office, qu'il avoit achepté grand nombre de
ducats, qui seroit au grand detriment des pretendans à la dite domaine, qui journellement estoyent abusez par gens mal veillans.

LA LETANIE QUI FUT FAITE A L'ABBAYE CONARDE

En l'année 1580.

L'abbé, voulant tenir lié
Tout le chagrin dessoubs le pié,

Appelle avec luy ses suppots :
Beuvez d'autant, vuidez les pots.

L'abbé commande que ses moines
Comme chevaux, soyent souls d'avoyne,
Pour n'estre jamais en repos :
Beuvez d'autant, vuidez les pots.

L'abbé desire ses novices,
Trotter ainsi comme escrevisses,
Et faire la beste à deux dos :
Beuvez d'autant, vuidez les pots.

L'abbé, qui a de beaux rubis
Sur son minois et des saphirs,
Veut que l'on paye ses impots :
Beuvez d'autant, vuidez les pots.

L'abbé, qui a belle bedaine,
Veut, ainsi que la Magdalaine,
Avoir la boëtte en son poing clos :
Beuvez d'autant, vuidez les pots.

L'abbé, qui a belles pantoufles,
Se fournit en hyver de moufles
Pour nifler le prince des sots :
Beuvez d'autant, vuidez les pots.

L'abbé, pour courir jusqu'en Beausse,
A fait cacher dedans sa chausse
Un estron de nouveau esclos :
Beuvez d'autant, vuidez les pots.

L'abbé, pour boire à beaux longs traits
De son bon vin, et du plus frais,

Vous a prié tout à propos :
Beuvez d'autant, vuidez les pots.

L'abbé permet que dans des mares
Se plongent les raques de nares :
Sans contrefaire icy les sots,
Beuvez d'autant, vuidez les pots.

L'abbé veut tous usuriers,
S'il y en a en ses cartiers,
De venir comme les marmots :
Beuvez d'autant, vuidez les pots.

L'abbé entend que ses mignons,
Ayent le ventre et les roignons
D'une v..... tout enclos :
Beuvez d'autant, vuidez les pots.

L'abbé commande à ses nonnains
A descouvert monstrer leurs sains
Et chevaucher à cul desclos :
Beuvez d'autant, vuidez les pots.

L'abbé veut que les maquerelles,
Luy payent dîme des pucelles
Qui se venent à Mussegros :
Beuvez d'autant, vuidez les pots.

L'abbé veut durant les gesines,
Qu'on revisite ses voisines,
Gardant leur honneur et leur los :
Beuvez d'autant, vuidez les pots.

L'abbé permet que les guenuches,
Soyent enfermées dedans les huches

Et bruslées ainsi que fagots :
Beuvez d'autant, vuidez les pots.

L'abbé, avec sa rouge mine,
Fait trembler par où il chemine
Tous les gueux, frippons et magots :
Beuvez d'autant, vuidez les pots.

L'abbé veut que des sots, le prince
Vienne en la normande province
Se noyer dans les marins flots :
Beuvez d'autant, vuidez les pots.

Ou qui s'en aille en Orival
Veoir si trouverra dans le val
De ses grands-peres les viels os :
Beuvez d'autant, vuidez les pots.

ET RELIQUA

OREMUS.

Si vous allez de nuict en quelque coin
Pour de ta fesse aller dauber en coin,
Soit en la chambre ou soit en cabinet,
Prions que Dieu vous garde d'un trou net.

Et s'il advient, passant une rullette,
Vous rencontrez sans voir une broüette,
Quant vous n'aurez torche ne lumignon,
Prions que Dieu vous garde du limon.

Si vous allez soupper en quelque feste,
Au revenir, quant vous venez passer,
Nous prions Dieu qui vous garde la teste
D'un garinort ou d'un pot à pisser.

Si vous mettez au hasart la pecune
Et vous roullez soubs la dame Fortune;
Si vostre cas va à reculleron,
Per omnia per in pecunorum.

FIN DE LA LETANIE.

COPPIE DES LETTRES PATENTES

Que le grand escallier Benest envoye, selon son arrest,
à toutes personnes plaisantes.

LE TESTAMENT D'OUYNET.

Benest, maistre passé, sans estre oncq' escollier,
Par la grace de Dieu bon pignerre escallier;
Estallant en hyver au coin de la grand crosse,
Marqueur joëur de paume, exempt de tout reproche
Au jeu de la Corniere et de Joüenne aussi;
Marchand de poisson frais et de sallé, qu'icy
On porte au vieil marché, sur les quais et viétour;
Secretaire ordinaire estably à son tour,
Desplenc gros et menu arrivant pour le bec
Des bourgeois de Rouen du lieu de Caudebec;
Le prime coustumier de Rouen à Cancalles,
De vendre et d'achepter tous les paniers d'escalles,
Huitres proprement puantes que l'on a
Apportez au bord du fossé de Pula,
Et d'où sort le parfum excellent à merveilles,
Le haut de Bouvereul expose par grands seilles;
Mesmes du beau persil qu'on jette par panniers
Sans la reuelle, ou bien au trou des Cordeliers.
Second et seur compteur pour en avoir les hances,
A son profit et gain des raffles et des chances,

De trois grisons trottans sur quelque ais ou traiteau,
Du temps bon et mauvais le grand portemanteau,
Soit de pluye ou de vent, soit de neige ou de gresle,
De gelée ou de froid, lors que le tems se mesle,
Sans lever de la table escornifleur certain,
De la crosse, la botte, escurant pot d'estain,
Du coquet, de chrestien, et d'austres lieux qu'on prise,
Quand il void que la nappe y est sur table mise,
Ferme de la baviere et de la moüe autant
Ou plus qu'on en ait peu trouver icy constant,
La vie ou bien après le trespas du bon Pierre,
Surnommé le Cloutier, à present mis en terre ;
De Heuldes, Baudouyn, du sçavant Jean Allais
Et du ferme Tison, qui fust prins au Palais ;
Grand ambassadeur mis à petis frais et gages
Pour faire tous les ans les beaux pellerinages
Saint Vincent, saint Aignen, et de sainte Venice,
Saint Jullian, Boisguillaume avecques sa genisse,
Le capitaine en chef et premier coronal
Des bandes des porteurs, tant d'amont que d'aval,
De lanternes au bout d'un long baston fichées,
Et chacun an par luy bien mirelifiquées,
Des connines, falots, tartevelles et cymballes,
La veille et jour des Rois, jusques dedans les halles ;
Protecteur, producteur, conducteur de Michelle,
Trainée ou attachée au bout d'une ficelle,
De Janot, de Roger, et de la filleresse,
Et du bon Simonnet avecques sa maitresse ;
Le plus parfait qui soit entre tous les insignes,
Enjaulleur, endormeur de müllots et gelines,
A Pitres, Romilly, Sotteville et Yonville,
Bonsecours et Croisset, la Boüille et la Nouville ;
Greffier seur et gardian general du grand seau,
De la belle donnée ordinaire à tout veau,

De treshaut, trespuissaut et brave en tout honneur
Tallebot Oüinet, en son vivant seigneur
Du haut clocher, du croc et de la broüillerie,
Du branslecul aussi et de la baverie,
Qui mourust au matin d'un jeudy absolut;
A tous icy, presens et advenir, salut :
Comme ainsi soit exprès que ledit Oüinet,
Appellé maistre Pierre avec luy du Quignet,
Ait par son testament et volonté derniere
Fait un fort beau delais, par sa main aumosniere,
D'un nombre effrayé d'or, de monnoye d'argent,
Qu'il avoit conquesté sur le grand prest Regent;
A tous ceux mesmement, à celle qui sans estre
N'ait de pere et de mere en ce monde terrestre,
De franche volonté se presenteroyent nuds,
Le jeudy absolut, pour estre revestus
Honnestement, depuis le pied jusqu'à la teste,
Par un don fait gratis trois jours devant la feste
De Pasques, tous les ans : pourquoy faire il convient
Que quiconques de près ou de loingtains lieux vient
A Rouen pour jouyr d'un si beau benefice,
Se retire devers le clerc siege d'office
Pour estre presenté audit garde du seau
Sans qu'il se soit lavé dans mare ny ruisseau.
L'ordonnance de quoy, en maints endroits congnuë,
Auroit loyallement esté entretenuë,
Toujours de poinct en poinct, du depuis son decez
Jusques à maintenant qu'aucuns fuis en procez,
Malicieusement cuidans par sacrilege
A leur gré faire mettre à bas tel privilege,
Envoyent ceux qui vont en ce jour ordonné

. . . .

A la mare du parc se laver pieds et jambes,
Afin d'aller plus droit et trotter mieux les ambles,

Avecques un petit et certain escriteau,
Ne respectant l'honneur qu'on doit à un tel seau.
Quoy faisant, un chacun des attendans, qui pense
Avoir de son travail joyeuse recompense,
Est deceptivement frustré de recevoir
Les beaux abillemens qu'il s'attendoit d'avoir ;
Pour lesquels grans abus garder que plus n'adviennent,
Plusieurs gens de sçavoir et des grands qui se tiennent,
Considerant tel cas, s'assembler ont voulu
Au chasteau de plaisir que nous aurons esleu,
Pour avoir leurs advis, premier qu'en telle affaire
Ordonnance quelconque a nostre vouloir faire,
Les lieux doncques du gros et du menu babil,
Et les chambres qui sont exemptes du peril :
Des choses que la braye a souvent estrenez,
Entre les plus hastifs, communes et privez,
Jointes au grand conseil du heurt de Bouvereul,
De Fescamp et du long du vieil pallais tout seul.
Ayant deliberé meurement par ensemble,
Ne nous ont point voulu dire ce qu'il leur semble
Sans prealablement pour le tout deffinir,
Faire autres grands seigneurs avecques eux venir :
Desquels tous et les noms avec leur seigneurie,
Icy mis par estat sans nulle menterie,
Et tout premierement le grand duc de Feraille,
Le noble, trespuissant et haut duc de Mitraille ;
Le plaisant, magnifique et gros duc de Sornettes,
Et le mirelifique et gras duc de Clochettes ;
Les contes de Serie et de la Boucherie,
Les contes de Surie et de la Baverie,
Les contes du Moulin et du Pontharitaine,
Et du Trou Hamelin, et ceux de la Fontaine ;
Les contes signalez du bateau de la Boüille,
Avec l'outrecuidé conte de la Gargoüille ;

Les contes de Toutu, les contes de Perrette,
Qui fait aux morfondus redresser la brayette;
Les beaux contes du Pray et ceux de la Laissive,
Le vieil conte de l'Ogre, en puissance excessive
Sur tous autres avec les contes de Taverne,
Qui conduit les gentils enfants de Maugouverne,
Le joly gentillet baron du Trou Jumeau,
Joint avec le sçavant baron du Maquereau.
Le baron Sans Souller et des Escornifflages,
Le baron de Souffre et de Cerche-Advantages,
Le fin baron d'Orlieu du Trou de la Fessiere,
D'Orcon, du Landion, Landie et la Tierciere,
L'honorabilissime admiral du Ponnant,
D'Aubette, la Reuelle et du Beau-Trou-Puant,
Du Trou-Pernelle mesme et du Trou de Baugis,
Qui son pouvoir estend jusques à Montargis;
Le subtil entre tous reformateur Saucisse,
Qui n'a jamais daigné gaigner la ch........;
L'habile ingenieux reformateur des c....,
Qui toujours boire veut jusques à voir les fons;
Le grand reformateur de tous les reformards,
Qui le corps a tout plein de verolle de Mars;
Tous les vendeurs qui sont de ces bestes à corne,
N'osant oncques marcher sinon que sur la forne;
Tous les vendeurs aussi de la beste à deux dos
Qui tirent finement la moëlle des os,
Et plusieurs braves gens sans sçavoir et sans sens,
Que mareschaux sans fers, capitaines sans gens,
Que cordonniers sans cuyr, que soldats sans argent,
Que sans sucre espiciers, que sans livre regent,
Et sommairement tous les marchands sans avoir,
Marchandise, ou pecune, et gens sans rien sçavoir;
Parquoy, après avoir retiré leurs advis,
Sur longs propos tenus ensemble mains devis,

Nous avons trouvé bon, par juste convenance,
De faire pour jamais la presente ordonnance.
C'est dudit Oüinet que, fuyant les delais,
Fait present Jean le noble et Pierrot à sifflets,
Collin à la moruë et autres bons notaires,
Leurs adjoints et comme luy notables secretaires,
Pour l'advenir, tous ceux et celles sans babils
Qui voudront estre ainsi revestus des abits
Et des accoustremens dont on a de coustume
De vestir tous les ans, mieux qu'un oiseau de plume,
Ceux qui veullent aller, pour avoir la donnée,
Audit jour absolut d'Oüinet ordonnée,
Se viennent presenter, soit d'hyver ou d'esté,
A toute heure du jour, pour estre bien traitté,
Droittement au logis où pend une grand botte,
Où lesdits vestemens, sans poussiere ni crotte,
Mais au long estendus, beaux, longs et de plein lay,
A un chacun seront delivrez sans delay,
Ne payant toutefois pour truage prefix,
Pour l'enrichissement, sinon deux soubs et fix.
Et d'autant que besoin est que chacun cognoisse
La presente ordonnance; à chacune paroisse
Et carfours de la ville, et les parvis des champs,
Nous voulons qu'elle soit affichée avec chants
Et plaisantes chansons, pour estre mieux gardée,
Et de tous les passans à profit regardée,
Nonobstant mandemens, modifications
Quelconques du contraire, et les restitutions
Qu'on pourroit sur ce faire, attendu qu'à loisir,
Sans nous en repentir, tel est nostre plaisir.
Donné à Bouvereul sur le Heurt, le huitiéme
D'avril, l'an mil cinq cens quatre vingt et cinquiéme,
Et de nostre bon regne, après jet et calcul,
Bien deuëment (nihil) signé : Du Baise-Cul.

Et plus bas est escrit : Gresillon, Astarot,
Et scellé de la cire au grand abbé Fagot,
En laqs de soye jaune, et de vert et de gris,
Bleu, rouge et orangé ; et dessus les replis
Est escrit : De par nous, Benest, le grand Messerre,
Par la grace de Dieu Escallier et Pignerre.

Ainsi signé en faisant la donnée,
Ce jeudy absolut de Oüinet ordonnée.

ENSUIT LES CRIÉES FAITES

SOUBS LE REGNE DE FAGOT,

EN L'AN 1586,

Et premierement les deffences de l'abbé de ne porter masque
sans son congé.

> *De par l'abbé aimant mieux sur sa terre*
> *Boire bon vin que biere en Angleterre.*

Chacun ne peut ignorer que la court
N'ait deffendu par arrest magnifique,
A toutes gens ayant long nez ou court,
De ne troubler son regne pacifique,
Ny de porter sans sa grace autentique
Masque de jour ny de nuict nullement,
Sur peine à tous que leurs biens on confisque,
Comme infracteurs de son commandement.

Et neanmoins un tas de pignollets,
Godelureaux et nobles faits en haste,
Contrefaisans les petits sotelets,
Portans chacun au costé une latte
Pour eschauffer la froideur de leur ratte,
S'en vont masquez de maison en maison,
Ainsi que gueux dansans devant la jatte,
Tant qu'il n'y a ny ordre ny raison.

Bref, il n'est ·pas jusques aux savetiers,
Ayant cinq sols vallant par leur pratique,
Ny mesmement tous ces petits courtiers
D'humaine chair et varlets de boutique
Qui, desdaignant sa grandeur mirifique,
Ne vont masquez comme les gens d'honneur,
Sans avoir prins de l'abbé scientifique
Permission honorant sa grandeur.

Pour ce, l'abbé, qui ne craint point les frais,
S'est tellement fasché de telle chose,
Qu'il a cuidé lascher dedans ses brais
Une senteur plus douce qu'une rose.
Il a juré par le texte et la glose
De ses flaccons, tous pleins de vin vermeil,
Ch... par tout s'aucun entreprendre oze
Mascarader sans congé du conseil.

Accourez donc, Espagnols et Anglois,
Et vous aussi de la basse Bretaigne,
Italliens, Flamens et Navarrois,
Guepins aussi que l'amour accompagne,
Et venez tost, sur peine de la taigne,
Rendre jubé à ce pontife grand,
A celle fin que la v..... on gaigne,
Comme à trois dez on fait argent comptant.

Signé de par l'abbé, où null' chose ne manque :
Ces Suisses ont mis les raistres à la blanque.

Ceste deffence faite et criée, les maquereaux
n'oserent plus entreprendre de porter masques,
sans le congé de l'abbé. Ains venans à la foulle

au marché aux Veaux, apporter force deniers au cat, et liards à la marionnette, pour avoir privilege d'aller masquez les soirs, furent receus dudit abbé trésinhonorablement avec caresses singulieres, comme pets à l'allemande bien assaisonnés de douces vesses. Et là, fut commandé par ledit abbé, à tous ses ords fessiers et porte falots, aller publier la semonce de Saint Julien, dont la teneur ensuit.

CRIÉE POUR SAINT JULIEN

DE PAR L'ABBÉ.

L'abbé, qui sait comme le tems prospere,
Croit et decroit comme les champignons,
Voyant que l'an que la bonne Rogere
Fist mettre aux champs ses vaillans champions,
Luy fut ravy par ses petis mignons
Dix jours sus l'an, entreprend ceste année
D'un jour tout seul, pour voir ses biberons,
A saint Julien faire leur destinée.

Car en ce lieu il veut trouver la blanque
De ses joyaux de nouveau retrouvez,
Dont vous voirrez le pourtrait qui ne manque,
Que d'apporter vos escus coullorez;

Et puis après ses prix seront jugez
A ceux qui mieux auront mis leur devise,
Et fussent-ils fols, badins, estimez,
Ils les auront s'ils ne laschent la prise.

Et pour autant, d'un cœur devotieux,
Le gros et gras conseil se delibere
D'aller demain en arroy somptueux,
A ce bon saint, comme les autres faire,
En ensuivant sa coustume ordinaire,
Et puis dessus le mont saint Avertin,
Ayant ouy toutes ses asnes braire,
Il sacrera ses gens de bon matin.

Premierement, quatre grands cardinaux,
Deux bons huissiers et quatre gros Suisses,
Qui sont venus par delà les monts hauts
Faire à l'abbé honneur et services.
Autres aussi, grands mangeurs de saucisses,
Que l'on voirra sacrer honnestement :
Car l'abbé sait que luy seront propices,
Et se tiendra entr'eux asseurement.

Sus donc, Conards de nostre vieille escrime!
Accourez-y comme gens advisez,
Et amenez vers nous, sans aucun crime,
Ceux-là qui sont du convent divisez,
A celle fin que tels, mal advisez,
Soyent reformez avecques discipline,
Telle pour vray que donner veuë avez,
Par la Plichere et la Rousse et Queline.

Vous, cardinaux, qui puis trente bons ans
Avez jetté vostre froc aux orties,

Accourez-y comme ses vrais enfans,
L'accompagnans gaillards comme des pies.
Là, vous aurez un nombre de roupies
Dont nostre abbé vous recompensera,
Et à chacun un couple de toupies
Pour vous garder du grand chaut qu'il fera.

Petits poupins qui jour et nuict cerchez
D'avoir ce bien de gaigner la verolle,
Il ne faut pas qu'en ce jour relaschez
D'y accourir si l'amour vous affolle.
Là, vous verrez de nostre abbé l'escolle
Où l'on apprend mouver le croupion,
Et comme aussi les dames on bricolle,
Lesquelles sont de sa subjection.

Petites sœurs de l'ordre saint Fessin,
Faillirez-vous de visiter la place?
Sçavez-vous pas que ce jour est sans fin,
Fait et creé pour vostre bonne grace?
Avez-vous peur que l'abbé vous dechasse
D'auprés de luy, ny tout homme cocu?
N'en croyez rien, car gens de telle race
Il aime mieux que le trou de son cul.

Vous mesmement qui l'amour demenez
Secrettement sans qu'on s'en donne garde,
Accourez-y, mais gardez vostre nez
Du mal commun plus fin que la moustarde :
Car quelquefois un courtaut se hazarde
En divers lieux pour avoir appetit,
Qui, estant pris d'une façon hazgarde,
Baisse le nez de rage et de despit.

13

Là vous voirrez mille joyeusetez
Qui vous feront tant esgueuller de rire,
Que vous tiendrez vos deux poings aux costez
Pour vous garder que plus ne vous empire ;
Et puis aprés, l'abbé, qui n'a que frire,
Viendra soupper avec ses suscepots
Dedans l'Escu où il tient son empire,
Riant, dansant, vuidant pintes et pots.

Ainsi signé, au mont Saint Avertin :
Les vieils huissiers n'ont plus part au butin.

Estant revenus de Saint Julien et les ceremo-
nies accomplies, fut deliberé par l'abbé et son
conseil, faire semondre tous les habitants de la
ville, et mesmes les estrangers, pour venir
prendre le jubé. Ce qui fut fait avec grand compagnie de chevaux, falots, fleutes, phiffres et
tabourins, de saucisses et autres instruments
non encore veus. La teneur de la dite criée est
telle :

SEMONCE

AUX ESTRANGERS ET AUX BOURGEOIS DE ROUEN

DE PAR L'ABBÉ.

Dont vient, Conards, que par vostre follie
Vous ne venez à l'abbé faire honneur?
Attendez-vous que de vous on se rie,
Si ne venez auprés de Sa Grandeur.
Il semble à voir que vous cerchez malheur
Et luy voulez denier son domaine;
Mais soyez seur que s'il monte en fureur,
Qu'il vous mettra dans son pontharitaine.

Sçavez-vous pas sa grandeur et puissance,
Et qu'il n'y a nul qui ne soit tenu
Le venir voir en son Escu de France,
Où chacun est toujours le bien venu?
Apportez-luy donc tost le revenu
Que luy devez, et vous voirrez la chere
Qu'il vous fera, quand il aura cogneu
Que vous aimez mieux le vin que la biere.

Ne faillez donc, vous qui tenez fournies
Plusieurs maisons pour loger des Anglois,
Et vous aussi, messieurs d'hostelleries,
Qui les tenez chez vous en tapinois,
Nous apporter dedans l'Escu de Poix
Les braves noms et surnoms de vos hostes,

Afin que tous viennent garder les loix
Que l'abbé fist en revenant de tostes.

Et vous aussi, messieurs les Espagnols
Qui, de l'abbé, ne tenez aucun compte,
En caquetant ainsi que rossignols,
Ou gens venus tout nouveaux de la fonte.
Je m'esbahis que vous n'avez grand honte
De tant tarder : venez vous acquitter
Vers ce pater, qui d'allegresse prompte
Vous traitteroit, le venant visiter.

Vous mesmement, bourgeois de nostre ville,
Que chacun jour vous faites tenailler
Pour visiter ce saint pater utille,
Et ne voullez aussi luy rien bailler,
Penseriez-vous tant des braves tailler
Que d'eschapper luy venir faire hommage?
Non, pour certain. Gardez donc de broüiller
Les cartes, tant qu'en receviez dommage.

En general, vous qui masques portez
Sans avoir prins de l'abbé la licence,
Il semble à voir que vous vous esbatez
A l'irriter, nonobstant sa deffence :
Car vous feriez, ce semble, conscience
De venir prendre en sa maison congé.
Mais gardez bien qu'après sa patience
Vous ne sentiez ce qu'il aura songé.

Ainsi signé haut : Venez vistement,
Pour de l'abbé baiser le fondement.

REITERATION

Des deffences de porter masques sans son congé,
sur les peines aux cas appartenans.

DE PAR L'ABBÉ.

Ne vous tenez plus tant, pour gaigner des roupies,
Auprès du port Morant, caquetant comme pies,
Et n'allez plus aussi, Conards, ni vous, garçons,
Courir aprés un tas de chanteurs de chansons,
Qui ne font qu'espier le moyen, par leur course,
Secrettement, pour faire attraper vostre bourse.
Mais venez voir l'abbé, en son haut throsne assis,
Qui vuide le godet et boit à plus de six.

Il a fait voirement sçavoir par cry publique,
Ce qu'estre, il entendoit, bon pour sa republique,
Et, par especial, de ne porter de soir
Le masque aucunement, ny de nuict, sans avoir,
Soubs le seing et cachet de sa conarde altesse,
Pour ce fait le congé et la licence expresse.
Mais, d'autant que dimenche est le jour solennel
Auquel il veut monstrer son honneur annuel,
Comme il a de coustume à faire de tout aage,
Il veut à tous Conards enjoindre d'avantage :
C'est qu'aucun ne soit tant de soy presomptueux,
Temeraire, hardy, sot ny audacieux,
D'aller soit jour ou nuict durant ces jours en masque,
Et, fust-il aussi prompt et leger qu'est un Basque,
Sans avoir, par effet de bonne affection,

Accompagné l'abbé à sa procession,
Et que dans le viétour il ne soit à une heure
Pour voir marcher son train en une ordre meilleure :
Car à tous il le fait à sçavoir ce jourd'huy,
Afin que nul ne se pusse excuser envers luy,
Sur paine d'arracher la masque de la face
Et rigoureusement punir qu'on ne le face ;
Ou bon gré, mal gré, qu'il soit au grand sergent
Permis luy emporter sa bourse et son argent.
Voilà ce que l'abbé vous enjoint et commande
Pour rendre dans Rouen, noble ville normande,
L'excellence et grandeur, et du pater santé
La feste magnifique et la solemnité.

Ainsi signé par l'abbé bon compere :
Levez la cuisse afin que le c.. pere.

SEMONCE A TOUS LES ESTATS

POUR VENIR LEUR ACQUITER EN L'ABBAYE.

De par l'Abbé, monarque haut,
Qui boit en tirelarigaut.

L'abbé sans queuë, à qui rien n'est caché,
Ayant cerché toutes ses vieilles debtes,
S'est tellement en son cerveau fasché,
Voyant à luy tant de bancrouttes faites,

Par ses vassaux qui, comme grosses bestes,
Ne sont venus devers luy s'acquiter.
Et c'est pourquoy, au son de ses trompettes
Il leur promet leur maison cacheter.

   Non pas de cire ou d'un gros cadenas,
Mais d'un parfum d'odeur aromatique,
Dont cachetoit deffunt maistre Thomas,
Concierge seur de la chambre aubetique ;
Car nostre abbé, qui cognoist la pratique
De ceux qui n'ont vers luy leur devoir fait,
A resolu en son conseil qui picque,
Les envoyer trestous au hariplet.

   Doncques, Conards, qui la paix demandez
Avec l'abbé, le souverain pontife ;
Il ne faut pas que de luy vous gabez,
Comme avez fait de quelque grand joriste ;
Car vous pourriez avoir telle mornifle
De son gros cul au droit de vostre nez,
Qui vous rendroit comme un pourceau qui sifle,
Dont vous seriez enfin bien embrenez.

   Accourez donc, drappiers, marchands de soye ;
Vous, chappeliers, orfebvres, taverniers,
Merciers grossiers, tanneurs, venez en joye,
Et vous aussi, nos braves tainturiers ;
En general, estaimiers, bonnetiers,
Qui dans Rouen en faites l'exercice ;
Et ne faillez de laisser vos quartiers,
Pour saluer l'abbé, avant qu'il pisse.

   Ou, autrement, tenez-vous asseurez
Que dans demain il fera despaver
Devant vos huis, et si vous obstinez,
Il vous fera encores plus braver,
Et nul de vous ne se pourra sauver,
Que ne sentiez sa rigueur et furie ;

Et eussiez-vous mis les poulles couver,
Vous baiserez le trou par où il chie.
   Et vous aussi qui, nos prix, detenez
En vos maisons, pour estre magnifiques,
Je m'esbahis que tant vous retardez
Leur rapporter et nos vieilles antiques.
Craignez-vous point que de l'abbé les tiques
N'aillent un jour vous ronger jusqu'aux os,
Faute d'avoir rapporté nos reliques,
Et de l'abbé avoir prins le campos?
   Sus donc, Conards, que dans ceste semaine
Chacun de vous revienne s'esgayer,
Dedans l'escu où l'abbé prendra peine
Joyeusement vous faire festoyer.
Mais gardez bien surtout de rien payer
En blanc argent, car l'abbé point ne l'aime;
Mais si de l'or luy voulez envoyer,
Il hait cela comme un chat fait la craime.
   Ainsi signé, l'abbé faisant son tour :
Ne faillez pas trestous à la viétour.

Ceste criée faite, les plus hardis furent aucunement intimidez, voyant que l'on ne promettoit pas poires blecques; lors vindrent voir le pater, luy apportant partie de son deu escheu et celuy mesme qui n'escherra jamais; quoy voyant, ledit abbé les fist tous semondre, grands, gros et menus, pour leur trouver à la chevauchée, par ses herauts et curseurs, ainsi qu'il ensuit :

SEMONCE POUR LA CHEVAUCHÉE.

DE PAR L'ABBÉ.

L'abbé Fagot, monarque universel
De tous Conards residans soubs le ciel,
Qui, correcteur, est de toute follie,
Vivant joyeux et sans melancolie,
Prelat regent et grand reformateur,
Des fols parfaits maistre et dominateur,
Et vray seigneur sur vieils fols affollez,
Nouveaux ponnus, et petits avollez,
Fait à sçavoir à tous, joyeux, follastres,
Sots, obstinez, mutins, aquariastres,
Humeurs de vent, sotouards, mitouards,
Escornifleurs, menteurs, et grands bavards,
Fols déceptifs faisant des chattemites,
Qui ont le nez et v.... mangez de mittes,
Petits peuguets, mariolets, pignolets,
Eperlucats, gallurets, nivelets,
D'estre demain legers comme une plume,
A la viétour, ainsi que de coustume,
Pour, luy faisant honneur, l'accompagner,
Et comme luy en joye se baigner.
Mais, dessus tous, il veut que dés midi,
Un chacun soit de sa maison party ;
Pourtant, vueillez, comme servants loyaux,
Estre montez sur asnes et chevaux,
Vous trouvans tous à ceste chevauchée,
Que ne vous soit paresse reprochée ;
Car c'est le jour où ce monarque grand

Se veut monstrer en honneur triomphant,
Et faire voir sa maison reflorir,
Que plusieurs fols vouloyent faire perir;
Vous asseurant que depuis la laissive
On n'a point veu chose si excessive.

Ainsi signé : croyez se vous faillez,
Que de l'abbé serez sallariez.

LES ASNIERS REMPLIS D'ASNERIE,

NOUVEAUX VENUS EN L'ABBAYE.

L'ASNE DE L'ESCOLLE.

Mon pere m'a bien sept ans et demy,
Par son labeur, entretins à l'escolle,
Et si ne puis chanter ne fa ne my
Sinon hin, hen, qui est chose frivolle.

L'ASNE, PLUS DUR QUE N'EST UN JARS, QUI EST LE ROY DES CORRIGEARS.

Souvent je m'entremets de correction faire
D'un qui est plus correct que moy cent mille fois,
Pensant luy faire peur par mon asniere voix.
Mais l'homme bien vivant d'un asne n'a que faire.

L'ASNE MUNY DE PLUSIEURS DONS, ET SI NE PAIST QUE DES CHARDONS.

Prés bon pain et bon vin, souvent fais ma demeure,
Et, si je me repais de chardons seullement,
Pource que discerner, je ne puis nullement
Le mal d'avec le bien, chose pire ou meilleure.

L'ASNE A VICE TROP ADONNÉ,
OU NE CRAINT POINT D'ESTRE DAMNÉ.

Je suis si adonné en mon peché damnable,
Que Dieu feroit plustost tout un monde nouveau
Que me faire quitter ma vieille salle peau,
Peau endurcie au fais quoy qu'il soit dommageable.

L'ASNE SAGE.

Comme l'asne à Balaam, conduite du prophete,
Luy remonstra, disant : Ne marche plus avant,
Ainsi à mon pouvoir souvent je vois disant,
Evite ton malheur n'estant comme moy beste.

L'ASNE BRUTALLE DU MOULIN,
QUI BOIT L'EAU POUR LAISSER LE VIN.

Chargée à double fais, au moulin me transporte
Des sacs remplis du grain qui sont à bonnes gens.
Mon maistre, prevoyant les dangers eminens,
Fait que bien plus legers souvent je les rapporte.

L'ASNE TOMBÉE A NONCHALOIR,
LE PLUS SOUVENT PAR TROP SÇAVOIR.

Presumant en mon sens sçavoir quelque grand chose,
J'ay fait comparaison à maint homme d'esprit;
Mais par mon trop cuider maintenant j'ay respit,
Et comme asne incensé faut que je me repose.

L'ASNE QUI N'APERÇOIT SON VICE,
MANGEANT TOUJOURS LE BENEFICE.

Maint asne comme moy mangent le benefice
Sans prevoir qu'il font tort à maint homme sçavant,
N'ayant soucy sinon ce qui leur est propice,
Et puis du demeurant tout va avant le vent.

    CONCLUSION. Une pure asnerie
  Est aujourd'huy, il est cler et appert ;
Tel est un asne qui pense estre un grand clerc,
  Et si ne veut que de luy on se rie.

SEMONCE

A LA MAGNIFIQUE BLANQUE.

L'abbé, estant en son pontificat,
Aprés avoir chanté Magnificat,
Fait à sçavoir à ses joyeux supposts,
Autres aussi aimans vuider les pots,
Que dans ce jour il veut sans nul caquet
Dans la viétour faire son grand banquet,
Où l'on voirra tous ses gros orfessiers
Estre assemblez dans la halle aux merciers,
Qui avec luy jugeront de voix ranque,
Les gaillards prix de sa gentille blanque.
Parquoy, Conards, pour avoir mill' plaisirs,

Qui seront là ensuivant vos desirs,
Venez soudain, car l'abbé qui tout peut,
Vous traittera, et ainsi il le veut,
De bons morceaux et friandes poulailles,
De bons levraux, de canards et de cailles,
Et de cent mil millions d'autres mets
Que n'avez veus et ne voirrez jamais,
Et avec ce, de ses gros poix cauchois,
Dont maillotins aiment avoir le choix.
Vous asseurant qu'il ne vous coustera
Que dix beaux sols, et si chacun aura
Bien à disner avec force risée ;
Et, sur le soir, la petite brisée.
Parquoy venez et vous serez contens,
Ayant receu cent mille passetemps.

Ainsi signé : par deux nez embrenez.
Payant dix sols vous serez bien disnez.

———

LE SUJET

DE LA MAGNIFIQUE BLANQUE.

On ne sçauroit de fortune mieux faindre
Le grand pouvoir, ne son image paindre,
Qu'en descrivant le hazard plein de ris
Qui, de present, est joué dans Paris,
Nommé la blanque ; auquels lieux plusieurs hommes

Y ont gaigné d'or et d'argent grands sommes,
Pour petit prix qu'ils avoyent au jeu mis;
Et sans faveur d'amis ou ennemis,
Autres y ont du leur mis grand'partie,
Et dessus eux toute perte est sortie,
N'en rapportant que courroux seullement.
Ce jeu se fait à tous egallement :
Car, d'un costé, sont les noms et devises
De ceux qui font d'argent les grosses mises.
De l'autre part sont les escriteaux blancs,
Qui, aux premiers, sont du tout ressemblants,
Parmy lesquels sont mis les benefices
Aux rencontrans gracieux et propices.
Ce sont joyaux, bagues, chaisnes doreures,
Carquans, anneaux, couppes, tasses, ceintures,
Et autres biens dont les poix et les prix
Sont dans aucuns de ces billets escrits.
Un aveugle est entre les deux vaisseaux,
A ses deux mains tirant les escriteaux
Des deux costez, desquels il fait la monstre;
Dont il advient que, s'il y a rencontre
De la devise et benefice aussi,
C'est à celuy dont la devise ainsi
Est rencontrée, et des autres le reste
Se trouve blanc, sans que rien s'y acqueste.
Je ne sçaurois pour fortune prouver,
Pource que maints par luy se trouvent riches,
Les autres nuds, et demeurez en friches.

BLANQUE

DE

PLUSIEURS PIÈCES EXCELLENTES ET RARES

TROUVEZ DEDANS LES VIEILLES AUMOIRES
DE L'ABBAYE,

*Et addirez depuis le tems de Noé jusques à present
qu'ils ont esté recouvertes.*

PREMIEREMENT.

Le corselet, dont estoit vestu le dieu Mars,
lorsqu'il fust surprins par Vulcain avec Venus,
auquel sont gravez toutes les batailles que les
Pigméens ont eu contre les gruës, estimé par les
heaumiers de Paris à la somme de unze mil me-
dicaux d'or.

Le voulge ou javelot dont Cephalle tua Pocris,
où sont gravez les batailles de Baccus contre les
Indois, estimé par les fourbisseurs haut et bas
à quinze mil portugaises.

La targe d'Ajax, de telle estoffe qu'on ne sçait que c'est, où sont par semblables gravez les faits d'armes de Caillette et Triboulet, estimée par lesdits fourbisseurs à quatre mil trois sterces d'or.

La massuë d'Herculles dont il tua le serpent lernean, estimée par les dessusdits à huit millions d'or.

L'espée ou bracquemart de feu frere Jean des Entoumeures, garnie d'or, estimée par deffunt Guernotte à vingt deux mil moutons à la grand laine.

La dague dont Lucresse se tua pour un coup de fesse, estimée par feu Rizou à douze mil saluts d'or.

Les botines du feu sieur de Saint Germain, jadis thresorier de la maison abbatiale, estant fourrez de martres telles que les espagnolles portent à Rouen autour de leur col, et les esperons de mesmes, estimez par le deffunt La Regnardiere à neuf mil reaux d'or.

L'asne sur laquelle montoit ordinairement Silene, grand amy de Baccus, enharnaché du harnois de Bucephal, cheval d'Alexandre le Grand, estimé par les courtiers de chair humaine à cinquante mil huit cens saize croisades.

La cheville du cheval de Pacollet, qui avoit esté adirée par l'espace de traize cens ans, et à present recouverte, estimée par les charpentiers et menuisiers à soixante trois mil quatorze doubles Henris.

Une roüelle de dent de ciron, enchassée en or, aussi grande que la tour du Colombier, estimée par deffunt Cajollet à quatre vingt six mil double ducats à deux testes d'or.

L'os couronnal d'une pulce noire, aussi enchassé en or, ouvragé de tauchie, estimé par deffunt Gratian à cinquante six mil douillons d'or.

Les lunettes d'Argus qui avoit cent yeux, estimez par les lunetiers à deux cens quatre vingts millions de ducats.

Le carcan qu'avoit l'Engingnarde quand elle espousa mere Jeanne, estimé par deffunt Jean Viard à vingt un mil unze ducats à potence.

Le teurs de mariage d'Urgaude la descognuë avec le sage Alquiff, estimé par les biblotiers à trois cens vingt six mil escus.

La fueille du figuier dont Ève couvroit sa nudité, estimée à neuf cens mil trois pistollets.

Le premier brin de la v..... apporté de Naples en France, enchassé en naque de perles pour avoir meilleure couleur, estimé à quatre vingt un mil angelots et demy.

L'anneau de Hans Carruel, propre pour garder les cocus de porter besicles, estimé à quatorze cens mil dix nobles à la roze.

Trois livres d'entendement feustré, estans dans une boüette de coral de la grandeur des halles du vieil marché, pour guarir du flux de bourse, estimées à trois cens quatre vingts mil fleurins d'or.

Une harcelée de cornes de cocus, dont le nombre est tel que l'on ne le sçauroit nombrer, estimée à six vingt deux cens neuf mil charetées de pieces de long vestus.

Les esperons que Heurtally avoit pour piquer l'arche de Noë sur les ondes, estimez à traize mil charetez de francs.

L'escuelle où Adam et Ève mangeoyent leurs pois au commencement de leur mariage, faite de riche estoffe, estimée à huit vingt mil charetez de quarts d'escus.

La callebasse de Maugis d'Aigrement, aussi grande que la tonne de Sainte Barbe en Auge, estimée à neuf cens mil traize brouetez de testons de Navarre.

Le grand messel de Sainte Geneviesve de Paris, où l'on chante *a furore Normennorum*, estimée par l'hermite d'Orival à trente neuf pennerées de badaux.

La branche de l'arbre où Absalon demeura pendu par les cheveux, estimée à traize cens demis escus.

La maschoire d'asne dont Sanson tua mille

Philistins, estimée à quatre cens millions de
ceraphs.

L'escarboucle que maistre Guillaume de Lou-
viers portoit au doigt medical, de prix inestimable, estimée au prix de la valeur de la vigne
d'or presentée à Cyrus, roy des Perses.

Le flajollet dont Mercure endormit Arguë,
quand il gardoit Yomuée en vache, estimé par les
cornemuseurs à trente deux mil angelôts de
thorren.

Le bec de l'aigle qui mangea le polmon de
Promethée, estimé par les poullailliers à dix
huit mil tallens d'or.

Le cadenas dont étoit fermé le cheval de
Troye, estimé par les serruriers à vingt six mil
pieces de vingt huit sols.

Les mitaines de la reine de Sabba, et une de
ses pantoufles, estimez par les guantiers et cordonniers à traize mil six cens philippins d'or.

La corbeille où Virgile demeura pendu à Rome,
estimée par les pennetiers à six mil sept cens
quatre douzains au moulin.

Le bonnet doctoral de Colas à quatre heures, fait de la toison d'or conquise par Jason,
estimé par les bonnetiers, à saize cens mil trai-
zains.

Le collet de Gare le heurt, avec trois boutons
d'or de la grosseur et façon de la fontaine du

marché aux Veaux, estimé par les carreleurs, à trente mil millions de malvedis.

La perle que Cléopâtre mangea en son banquet, quand elle gagea contre Anthoine le triunvir, estimée par les joyalliers à deux cens dix sept mil nobles Henris.

Le trenche-plume de Bredallin avec le dellot, estimé par les gardes du mestier à mil livres de rente annuelle, tout bien conduit et mené s'il n'y a reprinse.

L'aureille de Grimouïn, grande comme un vent à vanner du bled, estimée par les essorilleurs, à deux charretez de liards au barbeau.

L'estingue de quoy David tua Gollias, avec la pierre, estimée par Chrestien Pierrier à traize mil brouetez de doubles neufs.

Le cornet de Roullant, qui mourut à la bataile de Roncevaux, estimé par gens à ce recognoissans et faiseurs de brindolles à neuf mil pieces de Nefle.

Les griffes du griffon de Huon de Bordeaux, estimez par le greffier de Lorris à dix huit mil de quarts de ducats d'or.

La rondache de Mills et amis, estimée par Catherine la petote à dix huit mil huit sols aux vaches.

Une des dents du grand maillotins d'Orival, estimée par Cajollet à trois mil traize carollus.

L'œil de l'elephant du grand Hannibal de Carthage, estimé par les bouchers à quatre mil millions de sacs de quinzains.

Le sappin de Semiramis, estimé par deffunt maistre Robert Becquet à quatre sacs de testons de Berne.

La grand serpe de Noë, estimée par les fouarciers de Lerne à six panniers de trippes.

La truelle de maistre Thomas, estimée par les plastriers à deux penniers plains de gros jaques cœur.

Le landier de maistre Pierre le cloutier, estimé par les serruriers à vingt sept cens trois mil deniers au cat.

Le grand almanach de Mauduit, estimé par le crossu du palais à semblable somme de prix si dessus.

Les prix s'adjugerent le mardi gras,
en la halle aux merciers, en
la Vieille tour, où fut fait
le banquet solemnel,
à dix sols pour
homme, à tous
venans.

DES PRESSES DE D. JOUAUST

Imprimeur à Paris

Rue Saint-Honoré, 338

www.ingramcontent.com/pod-product-compliance
Lightning Source LLC
Chambersburg PA
CBHW072112090426
42739CB00012B/2938